Grölls Verlage

„Bücher sind wie Fallschirme. Sie nützen uns nichts, wenn wir sie nicht öffnen."

Gröls Verlag

Redaktionelle Hinweise und Impressum

Das vorliegende Werk wurde zugunsten der Authentizität sehr zurückhaltend bearbeitet. So wurden etwa ursprüngliche Rechtschreibfehler *nicht* systematisch behoben, denn kleine Unvollkommenheiten machen das Buch – wie im Übrigen den Menschen – erst authentisch. Mitunter wurden jedoch zum Beispiel Absätze behutsam neu getrennt, um den Lesefluss zu erleichtern.

Um die Texte zu rekonstruieren, werden antiquarische Bücher von Lesegeräten gescannt und dann durch eine Software lesbar gemacht. Der so entstandene Text wird von Menschen gegengelesen und korrigiert – hierbei treten auch Fehler auf. Wenn Sie ebenfalls antiquarische Texte einreichen möchten, finden Sie weitere Informationen auf www.groels.de

Viel Freude bei der Lektüre wünscht Ihnen das Team des Gröls-Verlags.

Adressen

Verleger: Sophia Gröls, Im Borngrund 26, 61440 Oberursel

Externer Dienstleister für Distribution & Herstellung: BoD, In de Tarpen 42, 22848 Norderstedt

Unsere „Edition | Werke der Weltliteratur“ hat den Anspruch, eine der größten und vollständigsten Sammlungen klassischer Literatur in deutscher Sprache zu sein. Nach und nach versammeln wir hier nicht nur die „üblichen Verdächtigen“ von Goethe bis Schiller, sondern auch Kleinode der vergangenen Jahrhunderte, die – zu Unrecht – drohen, in Vergessenheit zu geraten. Wir kultivieren und kuratieren damit einen der wertvollsten Bereiche der abendländischen Kultur. Kleine Auswahl:

Francis Bacon • Neues Organon • **Balzac** • Glanz und Elend der Kurtisanen • **Joachim H. Campe** • Robinson der Jüngere • **Dante Alighieri** • Die Göttliche Komödie • **Daniel Defoe** • Robinson Crusoe • **Charles Dickens** • Oliver Twist • **Denis Diderot** • Jacques der Fatalist • **Fjodor Dostojewski** • Schuld und Sühne • **Arthur Conan Doyle** • Der Hund von Baskerville • **Marie von Ebner-Eschenbach** • Das Gemeindekind • **Elisabeth von Österreich** • Das Poetische Tagebuch • **Friedrich Engels** • Die Lage der arbeitenden Klasse • **Ludwig Feuerbach** • Das Wesen des Christentums • **Johann G. Fichte** • Reden an die deutsche Nation • **Fitzgerald** • Zärtlich ist die Nacht • **Flaubert** • Madame Bovary • **Gorch Fock** • Seefahrt ist not! • **Theodor Fontane** • Effi Briest • **Robert Musil** • Über die Dummheit • **Edgar Wallace** • Der Frosch mit der Maske • **Jakob Wassermann** • Der Fall Maurizius • **Oscar Wilde** • Das Bildnis des Dorian Grey • **Émile Zola** • Germinal • **Stefan Zweig** • Schachnovelle • **Hugo von Hofmannsthal** • Der Tor und der Tod • **Anton Tschechow** • Ein Heiratsantrag • **Arthur Schnitzler** • Reigen • **Friedrich Schiller** • Kabale und Liebe • **Nicolo Machiavelli** • Der Fürst • **Gotthold E. Lessing** • Nathan der Weise • **Augustinus** • Die Bekenntnisse des heiligen Augustinus • **Marcus Aurelius** • Selbstbetrachtungen • **Charles Baudelaire** • Die Blumen des Bösen • **Harriett Stowe** • Onkel Toms Hütte • **Walter Benjamin** • Deutsche Menschen • **Hugo Bettauer** • Die Stadt ohne Juden • **Lewis Caroll** • *und viele mehr….*

Leo Tolstoi

Ausgewählte Erzählungen für die Jugend

Inhalt

Wovon die Menschen leben

Wir wissen, daß wir aus dem Tode in das Leben kommen sind, denn wir lieben die Brüder. Wer den Bruder nicht liebet, der bleibet im Tode.

(1. Joh. III, 14.)

Wenn aber jemand dieser Welt Güter hat, und siehet seinen Bruder darben, und schließt sein Herz vor ihm zu, wie bleibet die Liebe Gottes bei ihm?

(III, 17.)

Meine Kindlein, laßt uns nicht lieben mit Worten, noch mit der Zunge, sondern mit der Tat und mit der Wahrheit.

(III, 18.)

Die Liebe ist von Gott, und wer lieb hat, der ist von Gott geboren und kennet Gott.

(IV, 7.)

Wer nicht lieb hat, der kennet Gott nicht; denn Gott ist Liebe.

(IV, 8.)

Niemand hat Gott jemals gesehen. So wir uns untereinander lieben, so bleibet Gott in uns.

(IV, 12.)

Gott ist Liebe, und wer in der Liebe bleibet, der bleibet in Gott, und Gott in ihm.

(IV, 16.)

So jemand spricht: Ich liebe Gott, und hasset seinen Bruder, der ist ein Lügner. Denn wer seinen Bruder nicht liebet, den er siehet, wie kann er Gott lieben, den er nicht siehet?

(IV, 20.)

I

Ein Schuster wohnte mit Frau und Kindern bei einem Bauern zur Miete. Er besaß weder ein eigenes Haus noch ein Stück Land und ernährte sich und die Seinen durch seine Schusterarbeit. Das Brot war teuer, und die Arbeit billig; alles, was er verdiente, wurde sofort verzehrt. Der Schuster und seine Frau hatten zusammen nur einen Pelz, und dieser war schon arg zerfetzt; seit zwei Jahren hatte der Schuster die Absicht, sich Schaffelle zu einem neuen Pelz zu kaufen.

Im Herbst hatte der Schuster etwas Geld gespart: seine Frau hatte in der Truhe einen Dreirubelschein liegen, und die Bauern im Dorfe schuldeten ihm noch fünf Rubel und zwanzig Kopeken.

Eines Morgens rüstete sich der Schuster, ins Dorf zu gehen, um sich die Felle zu kaufen. Er zog sich über das Hemd die wattierte baumwollene Jacke seiner Frau und darüber seinen Kaftan aus Tuch, steckte sich den Dreirubelschein in die Tasche, brach sich einen Stecken ab, frühstückte und machte sich auf den Weg. Er sagte sich: „Ich werde fünf Rubel von den Bauern bekommen, meine drei Rubel dazutun und für dieses Geld Schaffelle für den Pelz einkaufen."

Der Schuster kam ins Dorf und ging zu einem seiner Schuldner; dieser war nicht zu Hause, und seine Frau versprach, das Geld im Laufe der Woche zu schicken, gab ihm aber keinen Heller; der zweite Schuldner, den er aufsuchte, schwor, kein Geld zu haben, und zahlte ihm nur zwanzig

Kopeken für das Ausbessern eines Paares Stiefel. Der Schuster wollte dann die Schaffelle auf Borg nehmen. Doch der Gerber wollte ihm nichts auf Borg geben.

„Wenn du bares Geld bringst, kannst du dir Ware nach deinem Belieben aussuchen; ich weiß ja gut, was es heißt, solche Schulden einzutreiben."

So gelang es dem Schuster nicht, etwas auszurichten; er hatte nur die zwanzig Kopeken einkassiert und von einem Bauern den Auftrag bekommen, ein Paar alte Filzstiefel mit Leder zu besetzen.

Der Schuster war darüber betrübt; er trank für die zwanzig Kopeken Schnaps und ging ohne Felle nach Hause. Als er morgens ins Dorf ging, fror es ihn; doch jetzt, nachdem er den Schnaps getrunken, fühlte er sich auch ohne Pelz erwärmt. So geht der Schuster seinen Weg, klopft mit dem Stecken auf die mit einer Eiskruste überzogenen Steine, schwenkt mit der anderen Hand die Filzstiefel hin und her und führt ein Selbstgespräch:

„Auch ohne Pelz ist mir warm. Das Gläschen, das ich getrunken, brennt mir in allen Adern. Ich brauche überhaupt keinen Pelz. Meinen Kummer habe ich schon vergessen. So ein Mensch bin ich. Was brauche ich denn überhaupt? Ich kann gut ohne Pelz auskommen. Auch ohne Pelz werde ich mein Leben beschließen. Allerdings wird sich mein Weib grämen. Es ist ja auch wirklich ärgerlich: ich muß mich für den Bauern abmühen, und er zieht die Bezahlung immer hinaus. Warte nur, mein Lieber! Wenn du mir das Geld nicht bringst, so nehme ich dir deine Mütze! Bei Gott! Was soll es denn heißen?! Du willst mir wohl die ganze Schuld in Zwanzigkopekenstücken bezahlen! Was kann man denn mit zwanzig Kopeken anfangen? Höchstens ein Glas Schnaps trinken. Du sprichst von deiner Not. Leide ich denn keine Not? Du hast ja ein Haus und Vieh und eine ganze Wirtschaft, ich aber habe nichts als das, was ich an mir trage; du hast dein eigenes Brot, und ich muß mir welches kaufen. Wenn ich nach Hause komme, heißt es gleich, das Brot sei zu Ende. Nun muß ich wieder eineinhalb Rubel auslegen. Ich brauche also wirklich mein Geld!"

Als sich der Schuster der Kapelle an der Straßenbiegung näherte, sah er hinter der Kapelle etwas Weißes schimmern. Es dämmerte schon; der

Schuster sah aufmerksam hin, konnte aber nicht erkennen, was es war. „Ein Stein hat hier vorhin nicht gelegen. Soll's ein Tier sein? Nein, es sieht nicht wie ein Tier aus. Eher ist's ein Mensch, doch warum so weiß? Was sollte auch ein Mensch hier tun?"

Als er näher herankam, konnte er es gut sehen. Ein wahres Wunder: ein nackter Mensch, tot oder lebendig, saß unbeweglich auf der Erde, an die Kapelle gelehnt. Der Schuster erschrak und dachte sich: „Man hat hier einen Menschen umgebracht, ausgeraubt und nackt liegen gelassen. Wenn ich nur herangehe und mich in die Sache einmische, bekomme ich gleich die ganze Obrigkeit auf den Hals."

Der Schuster ging weiter. Während er um die Kapelle herumging, war der Leichnam nicht mehr zu sehen. Als er aber ein Stück weitergegangen war und sich umblickte, sah er, daß der Mensch, den er für tot hielt, von der Mauer wegrückte und ihm nachsah. Er erschrak noch mehr und sagte sich: „Soll ich umkehren oder meinen Weg weitergehen? Wenn ich auf ihn zugehe, kann er mir leicht etwas antun – wer weiß, wer er ist? Es sind sicher keine guten Werke, für die er hergeraten ist. Wenn ich mich ihm nähere, kann er aufspringen und mich erwürgen; dann bleibe ich hier liegen. Und wenn er mich nicht erwürgt, habe ich nur eine neue Sorge. Was soll ich mit dem Nackten anfangen? Ich kann mir doch wirklich nicht meine letzten Kleider vom Leibe reißen und sie ihm geben. Möge Gott mich nur glücklich nach Hause führen!"

Der Schuster ging schneller. Als er die Kapelle beinahe aus dem Gesicht verloren hatte, bekam er Gewissensbisse.

Der Schuster blieb wieder stehen und sagte sich:

„Was tust du denn, Ssemjon? Ein Mensch geht hier zugrunde, und du bist so feig, daß du ihn in seinem Unglück liegen läßt. Oder bist du plötzlich reich geworden und fürchtest, daß man dir deinen Reichtum nimmt? Nein, Ssemjon, das war nicht gut getan!"

II

Ssemjon kehrte um. Er ging auf den Menschen zu und betrachtete ihn: es war ein junger, kräftiger Mann, der gar nicht verwundet, sondern nur erfroren und verängstigt schien; er saß noch immer auf dem Boden, an die Kapelle gelehnt, und sah Ssemjon gar nicht an; er war wohl so schwach, daß er die Augen nicht öffnen konnte. Erst als Ssemjon ganz dicht vor ihm stand, kam der Mann zur Besinnung, wendete den Kopf nach ihm um, schlug die Augen auf und blickte ihn an. Durch diesen Blick gewann Ssemjon den Nackten lieb. Er warf die Filzstiefel auf die Erde, löste seinen Gürtel, legte ihn auf die Filzstiefel und zog den Kaftan aus.

„Wir wollen nicht lange reden," sagte er. „Ziehe den Kaftan an! Mach's schnell!"

Ssemjon ergriff den Mann am Ellenbogen und half ihm aufstehen. Der Mann erhob sich. Ssemjon sah einen feinen, sauberen Körper, dessen Glieder weder verwundet noch verrenkt waren, und ein frommes und rührendes Gesicht. Ssemjon warf ihm seinen Kaftan über die Schultern. Die Arme wollten nicht in die Ärmel geraten. Ssemjon half ihm die Arme in die Ärmel hineinstecken, schlug ihm den Kaftan vorne zusammen und umgürtete ihn mit seinem Gürtel.

Ssemjon nahm dann seine zerrissene Mütze vom Kopf, um sie dem Nackten aufzusetzen. Ihm fror aber gleich der Kopf, und er überlegte sich: „Ich habe eine Glatze, ihm hängen aber lange Locken an den Schläfen herab." Er setzte sich seine Mütze wieder auf. „Ich will ihm lieber die Filzstiefel geben." Er ließ ihn sich niedersetzen und zog ihm die Stiefel an.

Als der Schuster ihn so bekleidet hatte, sagte er ihm:

„Ja, so ist es, Bruder. Nun rühre dich, um dich zu erwärmen. Was dir geschehen, wird man hier auch ohne uns untersuchen. Kannst du überhaupt gehen?"

Der Mann steht da, blickt freundlich auf Ssemjon, kann aber kein Wort sagen.

„Warum sagst du nichts? Wir wollen doch hier nicht überwintern. Wir müssen nach Hause. Hier hast du meinen Stecken, stütze dich, wenn du so schwach bist. Rühre dich!"

Und der Mann ging. Er ging ganz leicht und blieb nicht hinter Ssemjon zurück.

Unterwegs fragt ihn Ssemjon:

„Was für ein Landsmann bist du?"

„Ich bin nicht von hier."

„Die Hiesigen kenne ich ja alle. Wie bist du eigentlich hinter die Kapelle geraten?"

„Das darf ich nicht sagen."

„Dir haben wohl Menschen etwas zuleide getan?"

„Niemand hat mir etwas zuleide getan. Gott hat mich gestraft."

„Ich weiß ja, daß alles von Gott kommt; du mußt dir aber doch irgendwie ein Unterkommen suchen. Wo willst du eigentlich hin?"

„Es ist mir einerlei."

Ssemjon wunderte sich sehr. Wie ein Spaßvogel sah der Mensch nicht aus; seine Rede klang freundlich und sanft, und doch wollte er nichts von sich sagen. Ssemjon dachte sich: „Es kommen ja so verschiedene Dinge auf der Welt vor." Und er sagte dem Menschen:

„Nun, komm in mein Haus, da wirst du dich wenigstens etwas erholen."

Ssemjon ging weiter, und der Fremde blieb nicht zurück. Ein Wind erhob sich, drang Ssemjon unter das Hemd, und vor Frost verflog sein ganzer Rausch. Er atmete laut mit der Nase, hielt sich die Jacke vorne zu und dachte sich: „Da habe ich den Pelz! Ich bin fortgegangen, um einen Pelz zu kaufen, komme aber ohne Kaftan nach Hause und bringe noch einen Nackten heim. Matrjona wird mich dafür nicht loben!" Und wenn ihm Matrjona in den Sinn kommt, wird ihm ganz traurig zumute. Wenn er aber den Fremden ansieht und daran denkt, wie ihn dieser hinter der Kapelle angeblickt hat, freut sich sein Herz.

III

Ssemjons Frau ist an diesem Abend mit ihrer Hausarbeit früher als sonst fertig geworden. Sie hat Holz gehackt, Wasser vom Brunnen geholt, den Kindern zu essen gegeben und auch selbst gegessen. Nun überlegt sie sich, wann sie Brotteig bereiten soll: heute oder erst morgen? Es ist noch ein ziemlich großes Stück Brot übriggeblieben.

„Wenn Ssemjon im Dorfe zu Mittag gegessen hat", so denkt sie sich, „und zum Abendbrot nicht viel ißt, wird das Brot auch noch für morgen langen."

Matrjona wendet das Brot hin und her und denkt: „Nein, ich werde den Brotteig erst morgen bereiten. Das Mehl reicht ja auch nur noch für einmal. Bis Freitag müssen wir damit auskommen."

Matrjona legt das Brot fort und setzt sich an den Tisch, um das Hemd ihres Mannes zu flicken. Während sie mit der Flickarbeit beschäftigt ist, denkt sie daran, wie ihr Mann beim Gerber die Felle einkauft.

„Daß ihn der Gerber nur nicht betrügt! Mein Mann ist ja so einfältig. Er selbst wird niemand betrügen, ihn kann aber auch ein kleines Kind anführen. Acht Rubel sind keine Kleinigkeit. Für dieses Geld kann man ja schon einen recht guten Pelz bekommen. Wenn auch einer aus ungegerbten Fellen, immerhin wird es ein Pelz. Im vergangenen Winter hatten wir es ja so schwer ohne Pelz! Wir konnten weder zum Fluß, noch sonst irgendwohin ausgehen. Wenn er ausgeht, zieht er alle unsere Sachen an, so daß ich nichts mehr anzuziehen habe. Er ist ja heute so früh fortgegangen, und es wäre Zeit, daß er heimkommt. Ob mein Männchen nicht irgendwo im Wirtshause sitzt?"

Kaum hatte Matrjona das gedacht, als die Stufen auf dem Flur knarrten und jemand ins Haus trat. Matrjona steckte die Nadel in die Arbeit und ging ins Vorhaus. Sie sah, daß zwei gekommen waren: ihr Mann und mit ihm ein unbekannter Bauer in Filzstiefeln und ohne Mütze.

Matrjona merkte sofort, daß ihr Mann nach Schnaps roch. Sie sagte sich:

„Ich habe also doch recht gehabt: er kommt wirklich aus dem Wirtshause." Und als sie sah, daß er ohne Kaftan war und nur ihre Jacke anhatte, daß er mit leeren Händen kam, kein Wort sagte und verlegen dreinschaute, stand ihr das Herz still. Sie dachte: „Er hat das Geld mit irgendeinem Strolche vertrunken und bringt jetzt den Kumpan auch noch mit."

Matrjona ließ die beiden in die Stube eintreten und kam auch selbst mit herein. Sie sah einen fremden, jungen, hageren Mann, mit dem Kaftan ihres Mannes bekleidet. Unter dem Kaftan sah man kein Hemd, auch hatte er keine Mütze auf dem Kopfe. Als er in die Stube kam, blieb er vor der Schwelle unbeweglich stehen und hob nicht einmal seine Augen. Matrjona sagte sich: „Es ist wohl kein guter Mensch, denn er ist so scheu."

Matrjona runzelte die Stirne, ging zum Ofen und wartete, was die beiden wohl anfangen würden.

Ssemjon nahm seine Mütze ab und setzte sich auf die Bank, als ob alles in bester Ordnung wäre.

„Nun, Matrjona, wirst du uns vielleicht das Abendbrot geben?"

Matrjona brummte sich etwas unter die Nase. Sie stand unbeweglich vor dem Ofen und blickte kopfschüttelnd bald den einen und bald den anderen an. Als Ssemjon sah, daß seine Alte schlechter Laune war, stellte er sich so, als ob er es gar nicht merkte. Er nahm den Fremden bei der Hand und sagte: „Setz dich doch, Bruder, wir wollen essen."

Der Fremde setzte sich auf die Bank.

„Hast du denn heute nichts gekocht?"

Matrjona wurde böse.

„Gekocht habe ich schon, doch nicht für dich. Wie ich sehe, hast du auch deinen Verstand vertrunken. Nach einem Pelz bist du gegangen, und ohne Kaftan kommst du zurück; bringst auch noch einen nackten Strolch mit nach Hause. Ich habe kein Abendbrot für euch, ihr Trunkenbolde."

„Laß es sein, Matrjona, schwatze nicht! Frage doch zuerst, wer der Mann ist . . .“

„Sage du, wo hast du das Geld hingetan?“

Ssemjon holte aus dem Kaftan den Schein und zeigte ihn seiner Frau.

„Hier ist das Geld; Trofimow hat aber seine Schuld nicht bezahlt, hat versprochen, morgen zu bezahlen.“

Matrjona kam ganz außer Fassung: den Pelz hatte er nicht gekauft, den letzten Kaftan einem Nackten gegeben und diesen mit ins Haus gebracht.

Sie nahm den Schein vom Tisch, verwahrte ihn wieder in der Truhe und sagte:

„Ich habe kein Abendbrot. Alle nackten Trunkenbolde kann ich nicht füttern.“

„Ach, Matrjona, halte doch deine Zunge im Zaum und höre, was man dir sagt.“

„Von einem betrunkenen Narren bekomme ich doch nichts Gescheites zu hören! Nicht umsonst habe ich dich Trunkenbold nicht heiraten wollen; Mütterchen gab mir Leinwand in die Ehe, und du hast sie vertrunken; nun bist du ins Dorf gegangen, um einen Pelz zu kaufen, und hast das ganze Geld vertrunken.“

Ssemjon wollte seiner Frau erklären, daß er nur zwanzig Kopeken vertrunken, er wollte ihr sagen, wo er den Mann gefunden habe. Matrjona ließ ihn aber nicht zu Worte kommen und redete so viel und so schnell, daß es schien, sie spreche immer zwei Worte auf einmal aus. Selbst Dinge, die zehn Jahre zurücklagen, brachte sie in Erwähnung.

Während sie so redete, sprang sie auf Ssemjon zu und packte ihn am Ärmel.

„Gib mir mal meine Jacke her; ich habe nur die eine, und auch die hast du mir weggenommen. Gib die Jacke her, du Hund, daß dich der Teufel!“

Ssemjon zog die Jacke aus, drehte aber dabei einen Ärmel um. Matrjona zerrte am anderen Ärmel, daß die Nähte krachten. Sie nahm die Jacke, warf sie sich über den Kopf und ergriff die Türklinke. Sie wollte weglaufen, blieb aber plötzlich stehen: sie war sehr aufgebracht und wollte ihrem Ärger Luft machen; zugleich wollte sie gar zu gerne wissen, wer der Mensch war.

IV

Matrjona blieb vor der Türe stehen und sagte:

„Wenn es ein guter Mensch wäre, würde er nicht so nackt herumlaufen; er hat aber nicht einmal ein Hemd an! Wenn dein Gewissen rein wäre, würdest du mir sagen, wo du diesen Fant aufgegabelt hast."

„Das will ich dir eben sagen: Wie ich an der Kapelle vorbeigehe, sitzt er nackt auf der Erde und scheint erfroren. Jetzt ist ja nicht Sommer, daß man nackt herumlaufen könnte. Gott hat mich zu ihm gebracht, sonst wäre er wohl umgekommen. Was sollte ich denn tun? Es kommen ja so verschiedene Dinge in der Welt vor. Ich habe ihn also bekleidet und hergebracht. Bezähme dein Herz, Matrjona, sündige nicht! Wir werden ja alle einmal sterben."

Matrjona wollte weiter schimpfen. Als sie aber den Fremden ansah, mußte sie verstummen. Der Fremde saß unbeweglich am äußersten Ende der Bank, die Hände auf den Knien, den Kopf gesenkt; er hielt die Augen geschlossen und verzog das Gesicht, als ob ihn etwas würgte. Matrjona schwieg, und Ssemjon sagte:

„Matrjona, ist denn kein Gott in dir?"

Als Matrjona dies Wort hörte und den Fremden noch einmal anblickte, war ihr Zorn auf einmal verschwunden. Sie ging von der Türe zum Ofen und holte das Abendbrot hervor. Sie stellte eine Schüssel auf den Tisch, goß Kwas hinein und brachte den letzten Brotrest. Sie reichte ein Messer und zwei Löffel.

„Nun, nachtmahlt doch!"

Ssemjon schob den Fremden näher an den Tisch heran, schnitt das Brot, brockte es in die Schüssel, und sie begannen zu essen. Matrjona setzte sich an die Tischecke, stützte den Kopf in eine Hand und blickte auf den Fremden.

Und sie fühlte Mitleid mit dem Fremden, denn sie hatte ihn gleich liebgewonnen. Plötzlich erheiterte sich das Gesicht des Fremden, der leidende Ausdruck verschwand, er hob die Augen und lächelte Matrjona zu.

Als sie gegessen hatten, räumte Matrjona das Geschirr weg und begann den Fremden auszufragen:

„Was für ein Landsmann bist du?"

„Ich bin nicht von hier."

„Wie bist du auf die Straße geraten?"

„Das darf ich nicht sagen."

„Wer hat dich ausgeraubt?"

„Gott hat mich gestraft."

„Bist du wirklich so nackt auf der Straße gelegen?"

„Ja, so nackt, und wäre beinahe erfroren. Als mich aber Ssemjon sah, hatte er Mitleid mit mir; er zog mir seinen Kaftan an und nahm mich mit. Hier aber hast du mir zu essen gegeben und dich meiner erbarmt. Gott wird euch dafür seine Gnade erweisen!"

Matrjona stand auf, nahm das alte Hemd ihres Mannes, das sie vorhin geflickt hatte, von der Fensterbank und reichte es dem Fremden; sie fand auch ein Paar Unterhosen und gab sie ihm.

„Hier nimm die Sachen! Ich sehe ja, daß du nicht einmal ein Hemd anhast. Zieh dich an und lege dich hin, wo du willst: auf die Bank oder auf den Ofen."

Der Fremde zog den Kaftan aus und Hemd und Hose an und legte sich auf die Bank. Matrjona löschte das Licht aus, nahm den Kaftan und legte sich neben ihren Mann.

Matrjona deckte sich mit einem Ende des Kaftans zu, konnte aber nicht einschlafen: sie mußte immer an den Fremden denken. Wenn sie denkt, daß er das letzte Stück Brot gegessen und sie für morgen kein Brot mehr übrig hat, daß sie ihm das Hemd und die Hose geschenkt hat, wird es ihr traurig zumute; wenn sie aber an sein Lächeln denkt, hüpft ihr Herz vor Freude.

Matrjona konnte lange nicht einschlafen. Als sie merkte, daß auch Ssemjon nicht schlief und den Kaftan zu sich hinüberzog, rief sie ihn an:

„Ssemjon!"

„He?"

„Wir haben unser letztes Brot gegessen, und ich habe kein neues bereitet. Ich weiß gar nicht, was wir morgen tun sollen. Vielleicht wird mir Gevatterin Malanja welches geben."

„Wenn wir leben werden, werden wir auch satt sein."

Das Weib lag eine Zeitlang still, dann begann sie wieder:

„Der Mensch gefällt mir nicht schlecht; es ist aber sonderbar, daß er uns nichts sagen will."

„Wahrscheinlich darf er nichts sagen."

„Ssemjon!"

„He?"

„Wir geben den andern, warum gibt uns aber niemand?"

Darauf konnte Ssemjon nichts erwidern. Er sagte nur: „Genug des Redens", drehte sich um und schlief ein.

V

Als Ssemjon am anderen Morgen erwachte, schliefen die Kinder noch; Matrjona war zu den Nachbarn gegangen, um Brot zu leihen. Der Fremde von gestern saß im alten Hemd auf der Bank und blickte zur Decke. Sein Gesicht schien heiterer als gestern.

Ssemjon sagte:

„Ja, mein Lieber: der Magen verlangt Brot, und der nackte Leib verlangt Kleidung. Man muß sich doch irgendwie ernähren. Kannst du arbeiten?“

„Ich kann nichts.“

Ssemjon wunderte sich und sagte:

„Wenn du nur wolltest. Ein Mensch kann alles lernen.“

„Wenn die Menschen arbeiten, so werde ich auch arbeiten.“

„Wie heißt du?“

„Michailo.“

„Wenn du mir nichts über dich sagen willst, Michailo, so ist es eben deine Sache. Jedenfalls mußt du dich irgendwie ernähren. Wenn du für mich arbeiten willst, werde ich dich bei mir behalten.“

„Möge dir Gott seine Gnade erweisen! Ich will gerne bei dir in der Lehre bleiben. Zeige mir, was ich tun soll.“

Ssemjon nahm einen Pechdraht, wickelte ihn sich um die Finger und machte einen Knoten.

„Es ist nicht schwer, schau nur zu . . .“

Michailo sah zu, wickelte sich einen Pechdraht richtig um die Finger und machte gleichfalls einen Knoten.

Dann zeigte ihm Ssemjon, wie man zwei Enden vom Pechdraht miteinander verbindet. Auch das begriff Michailo sofort. Der Schuster zeigte ihm noch, wie man Schweinsborsten eindreht und wie man absteppt. Michailo zeigte sich in allen Dingen sehr gelehrig.

Was für eine Arbeit Ssemjon ihm auch zeigte, alles begriff er sofort. Am dritten Tag arbeitete er schon so geschickt, als ob er sein Lebtag Stiefel genäht hätte. Er arbeitete viel und aß wenig; wenn keine Arbeit da war, saß er schweigend auf der Bank und blickte nach oben. Er ging nie auf die Straße, sprach nichts Übriges, scherzte und lachte nie.

Nur das eine Mal am ersten Abend, als die Frau das Abendbrot auf den Tisch stellte, sah man ihn lächeln.

VI

Ein Tag folgte dem anderen, eine Woche der anderen, und so verging ein ganzes Jahr. Michailo lebte noch immer bei Ssemjon und arbeitete für ihn. Bald sagten alle Leute, daß es weit und breit keinen besseren Schuhmacher gäbe als Ssemjons neuen Gesellen; niemand könne so saubere und so dauerhafte Arbeit liefern. Aus der ganzen Gegend kamen die Leute zu Ssemjon, um sich bei ihm Stiefel machen zu lassen, und so erwarb der Schuster einiges Vermögen.

Einmal im Winter saßen Ssemjon und Michailo am Fenster und arbeiteten; plötzlich hörten sie Schellengeläute und sahen eine Troika vor dem Hause halten. Ein Bursche sprang vom Bock und öffnete den Schlag. Aus dem Wagen stieg ein vornehmer Herr in teurem Pelz. Er ging auf Ssemjons Haus zu und trat in den Flur. Matrjona sprang heraus und riß vor ihm die Türe auf. Der Herr bückte sich, trat in die Stube, und als er sich aufrichtete, berührte sein Kopf beinahe die Decke; so groß war er, daß er eine ganze Ecke einnahm.

Ssemjon stand auf, verbeugte sich und wunderte sich sehr über den Herrn. Er hatte noch nie solch einen Menschen gesehen. Ssemjon war mager, auch Michailo war mager, Matrjona war aber so dürr wie ein Span; dieser Mensch schien aus einer anderen Welt zu kommen: sein Gesicht war rot und gebläht, der Hals wie bei einem Stier, und er schien aus einem Stück Eisen gegossen.

Der Herr verschnaufte sich, zog den Pelz aus, setzte sich auf die Bank und sagte:

„Wer ist hier der Meister?“

Ssemjon trat vor und sagte:

„Ich bin es, Euer Gnaden."

Der Herr rief seinem Burschen:

„Fedjka, bring das Leder her!"

Der Bursche brachte sofort ein Bündel. Der Herr nahm es aus seinen Händen, legte es auf den Tisch und sagte:

„Binde es auf!"

Der Bursche band es auf. Der Herr wies mit dem Finger auf das Leder und sagte zu Ssemjon:

„Paß auf, Schuster, siehst du die Ware?"

„Ich sehe wohl, Euer Gnaden."

„Verstehst du denn überhaupt, was das für eine Ware ist?"

Ssemjon betastete das Leder und sagte:

„Die Ware ist gut."

„Das will ich meinen! So eine Ware hast du Dummkopf wohl noch nie im Leben gesehen. Es ist ausländische Ware, zwanzig Rubel kostet das Stück."

Ssemjon erschrak und sagte:

„Wo sollte ich solch eine Ware gesehen haben?"

„Na also! Kannst du mir aus diesem Leder gut passende Stiefel nähen?"

„Ich kann es wohl, Euer Gnaden."

Der Herr schrie ihn an:

„Das ist leicht gesagt. Begreifst du denn überhaupt, für wen du arbeitest und was es für ein Leder ist? Du sollst mir Stiefel nähen, die ein Jahr halten, ohne schief zu werden und ohne zu reißen. Wenn du es kannst, übernimm die Arbeit und schneide das Leder zu; und wenn du es nicht kannst, so rühre das Leder lieber gar nicht an! Ich will es dir gleich im vorhinein sagen: wenn die Stiefel vor einem Jahr reißen oder schief werden, bringe ich dich ins Gefängnis; wenn sie aber weder schief werden noch reißen, werde ich dir zehn Rubel für deine Arbeit zahlen."

Ssemjon war so erschrocken, daß er gar nicht wußte, was er darauf sagen sollte. Er blickte sich nach Michailo um, stieß ihn mit dem Ellenbogen an und flüsterte:

„Soll ich die Arbeit nehmen?"

Michailo nickte nur: „Ja, nimm die Arbeit!"

Ssemjon hörte auf den Rat und übernahm es, solche Stiefel zu nähen, die ein Jahr lang halten und weder reißen noch schief werden.

Der Herr rief wieder seinen Burschen herbei und befahl ihm, den Stiefel vom linken Fuß abzuziehen. Er streckte das Bein vor und sagte: „Nimm Maß!"

Ssemjon heftete einen Papierstreifen, zehn Werschock lang, zusammen, glättete ihn mit den Fingern, kniete vor dem Herrn nieder, wischte sich die Hand sorgfältig an der Schürze ab, um den Strumpf des Herrn nicht zu beschmutzen, und begann Maß zu nehmen. Er maß die Sohle, er maß den Rist, und als er den Umfang der Wade messen wollte, war der Papierstreifen zu kurz. Das Bein war an der Wade so dick wie ein Balken. Der Herr warnte ihn noch: „Paß auf, daß der Schaft nicht zu eng wird!" Ssemjon heftete einen neuen Streifen an. Der Herr saß auf der Bank, bewegte die Zehen im Strumpf und musterte die Anwesenden. Als er Michailo erblickte, fragte er:

„Wer ist denn der?"

„Das ist mein Geselle, der die Stiefel nähen wird."

„Paß auf," wandte sich der Herr zu Michailo, „sieh zu, daß die Stiefel ein Jahr lang halten!"

Auch Ssemjon blickte Michailo an: dieser sah gar nicht auf den Herrn, sondern starrte in die Ecke hinter dem Herrn, als ob er dort jemand sähe. Michailo sah lange unverwandt in die Ecke, und plötzlich lächelte er, wobei sein Gesicht ganz licht wurde.

„Was lachst du, Dummkopf? Paß lieber auf, daß die Stiefel zur Zeit fertig werden!“

Michailo erwiderte:

„Sie werden just zur richtigen Zeit fertig.“

„Na also!“

Der Herr zog den Stiefel wieder an, hüllte sich in den Pelz und ging zur Türe. Er vergaß aber, sich zu bücken und stieß mit dem Kopf gegen den Querpfosten.

Der Herr schimpfte, rieb sich den Kopf, setzte sich in den Wagen und fuhr fort.

Als er fortgefahren war, sagte Ssemjon:

„Der hat aber einen harten Schädel! Den Pfosten hat er beinahe zerbrochen, es scheint ihm aber nichts zu machen.“

Und Matrjona sagte:

„Wenn einer so gut lebt wie der Herr, muß er auch gesund sein und manches aushalten können. So einem eisernen Menschen kann wohl auch der Tod nichts antun.“

VII

Und Ssemjon sagte zu Michailo:

„Wir haben die Arbeit genommen und müssen jetzt sehen, daß wir durch sie nicht in Unglück geraten. Die Ware ist teuer, und der Herr ist böse. Daß wir es ihm nur recht machen! Du hast ja schärfere Augen und auch geschicktere Hände: hier hast du das Maß, schneide das Leder zu; ich werde indes die andere Arbeit fertig nähen.“

Michailo gehorchte; er nahm das Leder, das der Herr gebracht hatte, legte es doppelt zusammen, breitete es auf dem Tische aus, nahm das Messer und begann zuzuschneiden.

Matrjona kam hinzu. Sie sah, wie Michailo arbeitete, und wunderte sich über seine Arbeit. Sie verstand etwas vom Schusterhandwerk und merkte, daß Michailo das Leder nicht zu Schaftstiefeln, sondern zu leichten Schuhen zuschnitt.

Matrjona wollte den Gesellen fragen, was er denn mache; doch sie dachte sich: „Ich habe wohl nicht richtig verstanden, was für Stiefel der Herr haben wollte. Michailo wird es besser wissen. Ich will mich lieber nicht einmischen."

Nachdem Michailo das Leder zugeschnitten, nahm er einen Pechdraht und begann zu nähen. Er nahm aber den Draht nicht doppelt, wie man es bei Stiefeln tut, sondern einfach, wie man Pantoffeln näht.

Wieder wunderte sich Matrjona, mischte sich aber nicht ein. Michailo nähte immer weiter. Als es Zeit war, zu Mittag zu essen, stand Ssemjon von seiner Bank auf und sah, daß Michailo aus dem teueren Leder ein Paar leichte Schuhe genäht hatte.

Ssemjon war außer sich. „Wie kommt es," fragte er sich, „daß Michailo, der sich während der ganzen Zeit noch nie irrte, plötzlich solches Unheil anrichtet? Der Herr hat Randstiefel mit hohen Schäften bestellt, er aber hat Pantoffeln ohne Absätze gemacht und das ganze Leder verschnitten. Wie stehe ich jetzt da? Solches Leder werde ich wohl nirgends auftreiben können."

Und er sagte zu Michailo:

„Was hast du, mein Lieber, angestellt? Du hast mir eine Grube gegraben. Der Herr hat Stiefel bestellt, und was hast du da genäht?"

Kaum hatte er mit seinen Vorwürfen begonnen, als jemand am Ring vor der Türe klopfte. Sie blickten zum Fenster hinaus und sahen, daß ein Berittener vor dem Hause hielt und sein Pferd draußen anband. Sie öffneten die Türe: der Bursche des Herrn trat in die Stube.

„Grüß Gott!"

„Grüß Gott. Was willst du?"

„Mich schickt die Frau des Herrn der Stiefel wegen."

„Was ist denn mit den Stiefeln?"

„Ja, der Herr braucht eben keine Stiefel mehr. Der Herr ist verschieden."

„Was sagst du da?"

„Wie er von euch nach Hause fuhr, ist er unterwegs im Wagen gestorben. Als der Wagen vor dem Hause hielt und man ihm heraushelfen wollte, lag er tot und erstarrt im Wagen. Es kostete uns große Mühe, ihn herauszuziehen. Nun hat mich die Frau hergeschickt: ›Sag' dem Schuster, daß der Herr, der vorhin da war und sein Leder zurückgelassen hat, die Stiefel nicht mehr braucht; statt der Stiefel soll er schnell ein Paar Leichenschuhe nähen. Warte, bis die Schuhe fertig sind, und bringe sie gleich mit!‹ Nun bin ich hergekommen und will auf die Schuhe warten."

Michailo nahm die Lederreste vom Tisch, rollte sie zusammen, nahm auch die fertigen Leichenschuhe in die Hand, schlug einen an den andern, wischte sie mit der Schürze ab und reichte sie dem Burschen. Der Bursche nahm die Schuhe und sagte:

„Lebt wohl, Meister und Meisterin! Guten Tag!"

VIII

So verging das zweite Jahr und das dritte Jahr; sechs Jahre wohnte bereits Michailo bei Ssemjon. Seine Lebensweise war dieselbe geblieben. Er ging nie aus, sprach kein unnützes Wort und hatte während der ganzen Zeit nur zweimal gelächelt: das eine Mal, als ihm Matrjona das Abendbrot reichte, und das zweite Mal, als er den Herrn sah. Ssemjon war mit seinem Gesellen immer zufrieden. Er fragte ihn auch nie mehr, woher er stamme; er fürchtete nur das eine, daß Michailo ihn verlassen möchte.

Einmal saßen sie alle zu Hause. Die Meisterin machte sich am Herd zu schaffen, die Kinder sprangen auf den Bänken herum und blickten zu den Fenstern hinaus. Ssemjon nähte vor dem einen Fenster, Michailo nagelte vor dem anderen Fenster an einem Absatz.

Ein Junge lief zu Michailo heran, lehnte sich an seine Schulter und sah zum Fenster hinaus.

„Onkel Michailo, sieh mal hin: die Kaufmannsfrau mit den Mädchen will wohl zu uns? Eines der Mädchen hinkt."

Als der Junge dies gesagt hatte, ließ Michailo seine Arbeit liegen, wandte sich zum Fenster und blickte auf die Straße.

Darüber wunderte sich Ssemjon. Michailo hatte ja noch nie auf die Straße geschaut, jetzt sah er aber unverwandt zum Fenster hinaus und konnte sich gar nicht satt sehen. Auch Ssemjon sah hinaus: auf sein Haus ging wirklich eine sauber gekleidete Frau zu und führte an jeder Hand ein kleines Mädchen. Die Mädchen trugen Pelzmäntel und bunt gemusterte Kopftücher und sahen einander so ähnlich, daß man sie kaum voneinander unterscheiden konnte. Eines der Mädchen hatte einen verwachsenen Fuß und hinkte.

Die Frau kam in den Hausflur und fand tastend die Türklinke. Sie ließ zuerst die beiden Mädchen eintreten und kam dann selbst in die Stube.

„Grüß Gott, Meister und Meisterin!"

„Willkommen. Womit kann ich dienen?"

Die Frau setzte sich an den Tisch, und die Mädchen schmiegten sich an ihre Knie: sie schienen etwas menschenscheu.

„Ich will meinen Mädchen zum Frühjahr Lederschuhe machen lassen."

„Das kann ich wohl machen. Wir haben zwar für so kleine Kinder noch nie gearbeitet, werden es aber fertigbringen. Man kann den Kindern Randschuhe nähen oder auch umgewendete Schuhe mit Leinenfutter. Mein Geselle Michailo ist ein tüchtiger Arbeiter."

Ssemjon blickte sich nach Michailo um und sah, daß dieser seine Arbeit liegen gelassen hatte und unverwandt auf die Mädchen starrte.

Auch darüber war Ssemjon sehr erstaunt. Die Mädchen waren allerdings nett: schwarzäugig, rotbackig, rund und schön gekleidet; und doch konnte Ssemjon nicht begreifen, warum Michailo sie so anstarrte, als ob er sie von früher her kenne.

Ssemjon schüttelte vor Erstaunen den Kopf und begann mit der Frau über den Preis zu unterhandeln. Nachdem sie handelseinig geworden waren, faltete er einen Papierstreifen zum Maßnehmen. Die Frau hob das lahme Mädchen auf den Schoß und sagte:

„Bei ihr mußt du von jedem Fuß ein eigenes Maß nehmen. Für das lahme Füßchen nähe einen Schuh und für das gesunde drei Schuhe. Beide Mädchen haben ganz gleiche Füße: sie sind Zwillinge."

Ssemjon nahm Maß und fragte, indem er das lahme Kind anblickte:

„Wie kommt das Kind zu einem solchen Fuß? Das Mädchen ist ja so hübsch. Hat sie das von Geburt?"

„Nein, die Mutter hat ihr das Füßchen eingedrückt."

Matrjona mischte sich ein: sie wollte gar zu gerne wissen, wer die Frau sei und wem die Kinder gehörten.

„Bist du denn nicht ihre Mutter?"

„Nein, Meisterin, ich bin nicht ihre Mutter und nicht einmal ihre Verwandte; es sind fremde Kinder, die ich an Kindes Statt angenommen habe."

„Fremde Kinder, und du bemutterst sie so?"

„Wie sollte ich sie nicht bemuttern? An meiner Brust habe ich die beiden großgezogen. Ich hatte wohl auch ein eigenes Kind, doch Gott hat es mir genommen. Ich habe aber das eigene Kind nicht so sehr geliebt, als ich diese liebe."

„Wessen Kinder sind es denn?"

IX

Die Frau wurde gesprächig und erzählte:

„Es war vor sechs Jahren. In einer Woche haben die Kinder beide Eltern verloren: den Vater hatte man am Dienstag begraben, und die Mutter starb gleich am Freitag. Der Vater starb drei Tage vor der Geburt der Kinder, die Mutter kaum einen Tag nach der Geburt. In jener Zeit lebte ich mit meinem Manne im Dorfe, und die Leute waren unsere nächsten Nachbarn. Der Vater der Kinder arbeitete im Walde. Ein Baum fiel auf ihn, quer über seinen Körper, und traf ihn mit solcher Wucht, daß ihm die Eingeweide heraustraten. Kaum hatte man ihn nach Hause gebracht, als er seinen Geist aufgab. Die Bäuerin gebar aber in der gleichen Woche Zwillinge; es sind ebendiese beiden Mädchen. Die Leute lebten arm und einsam, und die Frau war ganz allein im Hause, hatte weder eine Alte noch ein Mädchen.

Sie war allein, als sie die Kinder zur Welt brachte, und allein, als sie ihre Seele aushauchte.

Als ich am nächsten Morgen zu ihr kam, um nach ihr zu sehen, war die Arme schon erstarrt. Im Todeskampfe hat sie einem der Mädchen das Füßchen eingedrückt und verrenkt. Die Bauern kamen ins Haus, wuschen und bekleideten die Leiche, zimmerten einen Sarg und beerdigten die Frau. Alles machten die guten Leute. Die Mädchen waren nun allein auf der Welt. Was sollte man mit ihnen anfangen? Ich war die einzige Bäuerin im Dorf, die um jene Zeit ein Kind stillte. Mein Erstgeborener war damals acht Wochen alt. Ich nahm also die Mädchen vorläufig zu mir. Die Bauern hielten Rat, was man mit den Kindern anfangen sollte; sie sagten mir: ›Behalte die Kinder vorläufig bei dir, Marja, wir werden uns inzwischen überlegen, wie man sie unterbringen kann . . .‹ Ich reichte die Brust zuerst dem unversehrten Kind, denn ich dachte mir, daß es sich gar nicht verlohne, das erdrückte Kind zu stillen; es werde ja sowieso sterben. Doch auch das andere Kind tat mir leid; wofür sollte die unschuldige Seele leiden? Ich stillte also beide Mädchen; und so gelang es mir, alle drei Kinder – meinen Jungen und die Zwillinge – aufzuziehen. Ich war um jene Zeit jung und kräftig und hatte genug zu essen. Auch gab mir Gott so viel Milch, daß sie überfloß. Ich stillte immer zwei zugleich, und das dritte mußte warten. Wenn eines genug hatte, legte ich das dritte an die Brust. Doch Gott gefiel es, daß ich die beiden fremden Kinder großzog und mein eigenes Kind, als es zwei Jahre alt war, begrub. Mehr Kinder gab mir Gott nicht. Wir sind inzwischen wohlhabend geworden und wohnen jetzt hier in der Mühle, die dem Kaufmann gehört. Mein Mann bekommt ein großes

Gehalt, und wir leben ohne Sorgen. Eigene Kinder haben wir nicht. Wie einsam wäre doch mein Leben, wenn ich diese Kinder nicht hätte! Wie sollte ich sie nicht lieben! Ich habe ja nur sie: sie sind das Wachs meiner Lebenskerze."

Die Frau umarmte das hinkende Kind mit der einen Hand und wischte sich mit der anderen die Tränen von den Augen.

„Recht hat das Sprichwort: ohne Vater und Mutter können Kinder leben, ohne Gott aber nicht."

Nach diesen Gesprächen erhob sich die Frau, um fortzugehen; der Meister und die Meisterin geleiteten sie hinaus und blickten sich dann nach Michailo um: er sitzt auf seiner Bank, die Hände auf den Knien gefaltet, blickt nach oben und lächelt.

X

Ssemjon ging auf ihn zu und fragte ihn: „Was hast du, Michailo?"

Michailo erhob sich, legte die Arbeit weg, nahm die Arbeitsschürze ab, verbeugte sich vor dem Meister und der Meisterin und sagte:

„Verzeiht mir, Meister und Meisterin. Gott hat mir verziehen, verzeiht auch ihr."

Und die Schustersleute sahen, daß von Michailo ein Licht ausging. Ssemjon verneigte sich vor ihm und sagte:

„Ich sehe, Michailo, daß du kein gewöhnlicher Mensch bist. Ich darf dich nicht zurückhalten und darf dich nach nichts fragen. Sage mir aber nur das eine: Warum warst du, als ich dich fand und nach Hause brachte, düster, und als dir Matrjona das Essen reichte, lächeltest du und wurdest von nun an lichter? Als der Herr die Stiefel bestellte, lächeltest du zum zweiten Male und wurdest noch lichter; und jetzt, als die Frau mit den Mädchen kam, lächeltest du zum dritten Male und wurdest ganz licht? Sage mir Michailo, warum geht von dir dieses Licht aus, und warum lächeltest du dreimal?"

Und Michailo erwiderte:

„Das Licht geht von mir aus, weil Gott mich früher strafte und mir jetzt verziehen hat. Ich lächelte dreimal, weil ich drei Worte Gottes erfassen mußte. Diese Worte Gottes habe ich nun begriffen; das erste Wort begriff ich, als deine Frau sich meiner erbarmte; da lächelte ich zum ersten Male. Das andere Wort – als der Reiche Stiefel bestellte; da lächelte ich zum anderen Male. Und jetzt, als ich die Mädchen sah, begriff ich das dritte und letzte Wort Gottes und lächelte zum dritten Male."

Und Ssemjon sagte:

„Sage mir, Michailo, wofür hat dich Gott gestraft, und wie lauten jene Worte Gottes, damit auch ich sie kenne?"

Und Michailo antwortete:

„Gott strafte mich, weil ich ungehorsam war. Ich war ein Engel im Himmel und habe einen Befehl Gottes nicht befolgt.

Ich war ein Engel im Himmel, und Gott hatte mich auf die Erde geschickt, die Seele einer Frau zu holen. Ich flog auf die Erde hinab und sah die Frau krank auf ihrem Lager liegen; sie hatte eben Zwillinge, zwei Mädchen, zur Welt gebracht. Die Kinder regten sich neben der Mutter, und die Mutter war so schwach, daß sie sie nicht an die Brust legen konnte. Als die Frau mich sah, begriff sie, daß Gott mich gesandt hatte, um ihre Seele zu holen. Die Frau weinte und sagte mir: ›Engel Gottes! Meinen Mann hat man eben begraben, ihn erschlug ein Baum im Walde. Ich habe weder Schwester noch Tante noch Großmutter; ich habe niemand, der meine Kinder großziehen könnte. Laß mir meine Seele, damit ich meine Kinder ernähre und großziehe. Ohne Vater und ohne Mutter können sie nicht leben.‹ Ich hörte auf die Mutter und legte ihr das eine Kind an die Brust, gab ihr das andere in die Arme und flog hinauf zu Gott. Ich kam zu Gott und sagte: ›Ich kann der Mutter die Seele nicht nehmen. Den Vater erschlug ein Baum, die Mutter gebar Zwillinge und fleht, daß ich ihr ihre Seele lasse. Sie sagt: ›Laß mich meine Kinder großziehen! Ohne Vater und Mutter können sie nicht leben.‹ Und so habe ich der Mutter ihre Seele gelassen.‹ – Und der Herr sagte mir: ›Geh, hole die Seele! Du wirst drei Worte begreifen: du wirst begreifen, was in den

Menschen ist, und was den Menschen nicht gegeben ist, und wovon die Menschen leben. Wenn du dies begriffen hast, darfst du in den Himmel zurückkehren.‹ Ich flog auf die Erde zurück und nahm der Mutter die Seele.

Die Kinder fielen ihr von den Brüsten. Der Leichnam drückte dem einen Mädchen ein Beinchen ein, und so wurde es lahm. Ich erhob mich über dem Dorfe, um die Seele zu Gott zu tragen; mich ergriff aber ein Sturmwind, meine Flügel fielen ab, die Seele flog allein zu Gott empor, und ich fiel auf die Erde.“

XI

Nun begriffen Ssemjon und Matrjona, wen sie gekleidet und ernährt hatten und wer bei ihnen wohnte; und sie weinten vor Angst und vor Freuden. Und der Engel sagte:

„Ich blieb allein und nackt im Felde liegen. Ich wußte früher nichts von Menschennot, kannte weder Kälte noch Hunger; nun war ich plötzlich selbst Mensch geworden. Ich litt Hunger und Kälte und wußte nicht, was ich anfangen sollte. Ich sah im Felde eine Kapelle stehen, die die Menschen Gott zu Ehren erbaut hatten; ich ging zur Kapelle, um in ihr Zuflucht zu finden. Doch die Kapelle war versperrt, und ich konnte nicht hinein. Ich setzte mich hinter die Kapelle, um mich gegen den Wind zu schützen. Es war Abend geworden, ich war hungrig und vor Kälte beinahe erstarrt. Plötzlich sah ich einen Mann auf der Straße vorbeigehen; er trug ein Paar Filzstiefel in der Hand und redete mit sich selbst. Es war das erste sterbliche Menschengesicht, das ich nach meiner Menschwerdung sah; das Gesicht kam mir so schrecklich vor, daß ich mich wegwandte. Und ich hörte, wie dieser Mann sich fragte, wie er seinen Körper vor Frost schützen, wie er sein Weib und seine Kinder ernähren solle. Da sagte ich mir: ich leide Hunger und Kälte, dieser Mensch aber denkt nur daran, wie er einen Pelz für sich und seine Frau anschaffen und wie er sich ernähren soll. So ein Mensch konnte mir sicher nicht helfen. Als der Mann mich sah, wurde er finster und ging vorüber, und sein Gesicht erschien mir noch schrecklicher. Ich verzweifelte. Plötzlich höre ich, daß der Mann zurückgeht. Ich blickte ihn an und konnte ihn nicht wiedererkennen: in seinem Gesicht war vorhin der Tod gewesen; jetzt war es lebendig, und ich erkannte darin Gott. Er kam zu mir heran, bekleidete mich, nahm mich mit und brachte mich in sein Haus. In seinem Hause trat uns ein Weib entgegen, und es begann zu reden. Das Weib war noch schrecklicher als der Mann. Aus ihrem Munde kam der Hauch des Todes, und er nahm mir den Atem. Sie wollte mich in den Frost hinausjagen, und ich wußte, daß sie sterben würde, wenn sie es täte. Und der Mann sprach zu ihr von Gott. Und das Weib war plötzlich verändert. Als sie uns das Abendbrot reichte und mich anblickte, sah ich, daß der Tod von ihrem Gesicht gewichen war; sie war lebendig, und ich erkannte in ihr Gott.

Dann begriff ich das erste Wort Gottes: ›Du wirst erfahren, was in den Menschen ist.‹ Und ich erfuhr, daß in den Menschen die Liebe ist. So begann Gott mir zu eröffnen, was er mir versprochen; ich freute mich und lächelte zum ersten Male. Doch ich wußte noch nicht alles: ich konnte noch nicht begreifen, was den Menschen nicht gegeben ist, und wovon die Menschen leben.

Ich blieb bei euch wohnen; als ein Jahr vergangen war, kam ein Mann und bestellte Stiefel, die ein Jahr lang halten sollten, ohne zu reißen und ohne schief zu werden. Ich blickte ihn an und sah hinter seinem Rücken meinen Genossen, den Todesengel, stehen. Außer mir sah niemand den Engel; ich kannte ihn aber und wußte, daß er noch vor Sonnenuntergang die Seele des Reichen holen sollte. Und ich sagte mir: ›Der Mensch versorgt sich für ein Jahr und weiß nicht, daß er noch kaum bis zum Abend zu leben hat.‹ Da fiel mir das andere Wort Gottes ein: ›Du wirst begreifen, was den Menschen nicht gegeben ist.‹

Was in den Menschen ist, wußte ich schon. Jetzt erfuhr ich, was den Menschen nicht gegeben ist. Es ist den Menschen nicht gegeben, zu wissen, was sie für ihren Körper brauchen. Und ich lächelte zum zweiten Male. Denn ich freute mich, daß ich meinen Genossen, den Engel, sah, und daß Gott mir auch das zweite Wort offenbarte.

Doch es war noch nicht alles. Ich konnte noch nicht begreifen, wovon die Menschen leben. Ich lebte immer in der Erwartung, wann Gott mir sein letztes Wort offenbaren werde. Im sechsten Jahre kam die Frau mit den Zwillingen; ich erkannte die Mädchen und erfuhr, wie sie am Leben geblieben waren. Als ich sie sah, sagte ich mir: Die Mutter hat mich um Gnade für die Kinder angefleht, und ich glaubte wie die Mutter, daß die Kinder ohne Vater und Mutter nicht leben könnten; doch hat sie eine fremde Frau ernährt und großgezogen. Als die Frau so gerührt die fremden Kinder anblickte und weinte, sah ich in ihr den lebendigen Gott, und ich begriff, wovon die Menschen leben. Gott hatte mir das letzte Wort offenbart und mir verziehen. Und ich lächelte zum dritten Male."

XII

Und es fielen vom Körper des Engels die irdischen Hüllen ab, und er kleidete sich in Licht, so daß ein Menschenauge ihn nicht ansehen konnte. Und er sprach lauter, und seine Stimme schien vom Himmel zu tönen. Und der Engel sagte:

„Ich begriff, daß die Menschen nicht von der Sorge um sich selbst, sondern von der Liebe leben.

Es war der Mutter nicht gegeben, zu wissen, was ihre Kinder für ihr Leben brauchten. Es war dem Reichen nicht gegeben, zu wissen, was er selbst brauchte. Und es ist keinem Menschen gegeben, zu wissen, ob er zum Abend Stiefel oder Leichenschuhe braucht.

Solange ich Mensch war, lebte ich nicht davon, daß ich um mich selbst sorgte, sondern davon, daß im Manne, der mich auf der Straße traf, und in seinem Weibe die Liebe war, und daß sie sich meiner erbarmten und liebgewannen. Die Waisen blieben am Leben, nicht weil man für sie sorgte, sondern weil im Herzen einer fremden Frau die Liebe war, weil sie sich ihrer erbarmte und sie liebgewann. Denn die Menschen leben nicht davon, daß sie für sich selbst sorgen, sondern daß in den Menschen die Liebe ist.

Ich wußte auch früher, daß Gott den Menschen das Leben gegeben, und daß er will, daß die Menschen leben; jetzt begriff ich noch etwas anderes.

Nun begriff ich noch dies: Gott wollte nicht, daß die Menschen jeder für sich leben, und darum eröffnete er ihnen nicht, was jeder für sich braucht; er wollte aber, daß sie in Gemeinschaft und Eintracht leben, und darum eröffnete er ihnen, was sie für sich und für alle brauchen.

Ich begriff: den Menschen scheint es nur so, als lebten sie von der Sorge um sich selbst; in Wahrheit leben sie nur von der Liebe. Wer in der Liebe bleibet, der bleibet in Gott und Gott in ihm, denn Gott ist die Liebe."

Und der Engel sang das Lob des Höchsten, und von seiner Stimme erzitterte das Haus und spaltete sich die Decke, und eine Feuersäule erhob sich von der Erde bis zum Himmel. Und Ssemjon, seine Frau und seine Kinder fielen auf die Knie. Und der Engel schlug seine Flügel und fuhr in den Himmel.

Als Ssemjon zu sich kam, stand das Haus wie vorher, in der Stube war aber niemand außer ihm und den Seinen.

Die Wallfahrer

Das Weib spricht zu ihm: Herr, ich sehe, daß du ein Prophet bist.

Unsere Väter haben auf diesem Berge angebetet, und ihr saget, zu Jerusalem sei die Stätte, da man anbeten solle.

Jesus spricht zu ihr: Weib, glaube mir, es kommt die Zeit, daß ihr weder auf diesem Berge, noch zu Jerusalem werdet den Vater anbeten.

Ihr wisset nicht, was ihr anbetet, wir wissen aber, was wir anbeten; denn das Heil kommt von den Juden.

Aber es kommt die Zeit, und ist schon jetzt, daß die wahrhaftigen Anbeter werden den Vater anbeten im Geist und in der Wahrheit; denn der Vater will haben, die ihn also anbeten.

(Joh. IV, 19-23.)

I

Zwei alte Bauern wollten einmal nach Jerusalem pilgern. Der eine war reich und hieß Jefim Tarassytsch Scheweljow. Der andere, namens Jelissej Bodrow, war weniger bemittelt.

Jefim war ein ordentlicher und besonnener Mann, trank keinen Schnaps, rauchte und schnupfte keinen Tabak, fluchte nie und war streng von Sitten. Zwei Perioden lang versah er das Amt eines Dorfschulzen; er versah es so gewissenhaft, daß auch kein Heller in der Gemeindekasse fehlte. Er hatte eine große Familie: zwei Söhne und einen verheirateten Enkel, die alle mit ihm zusammenlebten. Er war gesund und kräftig, hielt sich gerade und hatte einen schönen Vollbart, der erst nach seinem sechzigsten Jahre zu ergrauen begann.

Jelissej war weder reich noch arm; in seinen jüngeren Jahren hatte er als Zimmermann auswärts gearbeitet; im Alter lebte er daheim und züchtete Bienen. Er hatte zwei Söhne; der eine arbeitete auswärts, der andere lebte beim Vater. Jelissej war gutmütig und heiter von Gemüt. Zuweilen trank er ein Glas Schnaps, schnupfte auch Tabak und sang gern Lieder; sonst lebte er ordentlich und in bester Eintracht mit den Seinen und mit den Nachbarn. Jelissej war klein von Wuchs, schwärzlich, hatte einen krausen Bart und eine große Glatze, wie sein Namenspatron, der Prophet Elisa.

Die beiden Alten hatten schon längst das Gelübde getan und verabredet, die Wallfahrt zusammen zu unternehmen; Jefim wurde aber jedesmal von seinen Geschäften zurückgehalten. Kaum war eine Sache fertig, als gleich eine andere kam: bald mußte er den Enkel verheiraten, bald warten, daß der jüngere Sohn seine Militärzeit abdiente und nach Hause zurückkehrte; nun begann er gar ein neues Haus zu bauen.

An einem Feiertage trafen sich die beiden Alten auf der Dorfstraße und setzten sich auf einen Balken. Jelissej sagte:

„Wann werden wir denn unser Versprechen einlösen, Gevatter?"

Jefim verzog das Gesicht und erwiderte:

„Ja, wir müssen noch etwas warten; in diesem Jahre habe ich es recht schwer. Als ich das Haus zu bauen anfing, glaubte ich, daß es mich kaum über hundert Rubel kosten würde; es kostet mich aber schon jetzt an die dreihundert Rubel und ist noch immer nicht fertig. Ich werde damit wohl noch bis zum Sommer zu tun haben. So Gott will, werden wir im Sommer bestimmt auf die Reise gehen."

„Ich bin der Ansicht," sagte Jelissej, „daß man es nicht länger hinausschieben soll und daß wir jetzt gleich gehen. Das Frühjahr ist ja die beste Zeit dafür."

„Es ist ja wirklich die beste Zeit; doch wie kann ich abkommen, solange ich mit dem Begonnenen nicht fertig bin?"

„Hast du denn niemand? Dein Sohn wird die Arbeiten zu Ende führen."

„Doch wie? Auf meinen ältesten Sohn ist kein Verlaß: er trinkt gerne über den Durst."

„Wenn wir einmal tot und begraben sind, Gevatter, werden die Söhne auch ohne uns auskommen müssen. Du solltest doch beizeiten dem Sohne Gelegenheit geben, etwas zu lernen."

„Das stimmt ja alles, doch ich möchte gar zu gerne mein Auge dabei haben."

„Ach, lieber Freund! Mit allen Geschäften wirst du doch sowieso nie fertig! Da haben bei mir neulich die Weiber zum Feiertage das Haus geputzt und aufgeräumt. Sie hatten so viel vor, daß sie damit wohl nie fertig werden würden. Die älteste Schwiegertochter, ein vernünftiges Weib, sagte: ›Es ist gut, daß der Feiertag kommt und nicht auf uns wartet; sonst würden wir unser Lebtag nicht fertig werden‹."

Jefim wurde nachdenklich und sagte:

„Der Bau hat mich schon viel Geld gekostet; mit leeren Händen kann man aber eine solche Reise nicht unternehmen. Hundert Rubel sind ja keine Kleinigkeit.“

Jelissej mußte lachen.

„Sündige nicht, Gevatter! Du bist wohl zehnmal reicher als ich. Und du sprichst dabei vom Geld. Sage mir nur, wann wir die Reise antreten. Wenn ich jetzt auch kein Geld habe, so werde ich es mir doch immer verschaffen können.“

Auch Tarassytsch lächelte:

„Wie du nur zu solchem Reichtum kommst! Wo wirst du es denn hernehmen?“

„Irgend etwas wird sich schon zu Hause finden lassen; und wenn es nicht langt, werde ich die zehn Bienenstöcke, die ich in der Ausstellung hatte, dem Nachbarn verkaufen. Er bittet mich schon lange darum.“

„Wenn der Schwarm gut gerät, wirst du es hinterdrein bereuen!“

„Bereuen? Nein, Gevatter! Außer meinen Sünden habe ich noch nie im Leben etwas bereut. Denn das Wertvollste ist doch immer die Seele.“

„Du hast wieder recht. Es ist aber doch nicht gut, wenn in der Wirtschaft nicht alles in Ordnung ist.“

„Viel ärger ist es, wenn die Seele nicht in Ordnung ist. Wir haben einmal das Gelübde geleistet, nun müssen wir wirklich gehen.“

II

Es gelang Jelissej, den Freund zu überreden. Jefim überlegte sich noch die Sache und kam am nächsten Morgen zu Jelissej.

„Nun wollen wir wirklich aufbrechen. Du hast recht. Tod und Leben stehen in Gottes Hand. Solange wir leben und die Kraft haben, müssen wir gehen.“

In einer Woche brachen die beiden Alten auf.

Tarassytsch hatte Geld zu Hause. Er nahm hundertundneunzig Rubel auf den Weg und ließ zweihundert seiner Alten zurück.

Auch Jelissej rüstete sich zur Reise. Er verkaufte zehn Bienenstöcke von der Ausstellung dem Nachbarn mit der Bedingung, daß dem Käufer auch die Zuzucht gehörte. Er bekam dafür siebzig Rubel. Die fehlenden dreißig Rubel kratzte er zu Hause zusammen: die Alte gab ihm das Geld, das sie sich für die Beerdigung zurückgelegt hatte, und auch die Schwiegertochter gab ihm ihr Letztes.

Jefim Tarassytsch übergab alle Geschäfte dem ältesten Söhne; er belehrte ihn, wo und wieviel Heu zu mähen wäre, wohin er den Dünger führen und wie er den Neubau fertigstellen und unter Dach bringen sollte. Alles sah er vor und vergaß auch nicht das geringste. Jelissej gab aber seiner Alten nur den einen Auftrag: die junge Brut von den verkauften Bienenstöcken gesondert zu setzen und dem Käufer ehrlich abzuliefern; von den häuslichen Angelegenheiten sprach er aber gar nicht: jede Sache werde selbst zeigen, wie man sie anpacken müsse. „Ihr seid ja selbst Hauswirte und wißt am besten, wie alles zu verrichten ist."

Die beiden Alten brachen auf. Die Angehörigen buken ihnen Fladen als Wegzehrung; sie nähten sich Reisetaschen, schnitten sich neue Fußlappen zurecht, zogen neue Schuhe an, nahmen noch Bastschuhe auf Vorrat mit und machten sich auf den Weg. Die Angehörigen begleiteten sie bis an die Dorfgrenze, nahmen dort Abschied, und die Pilger verließen das Heimatsdorf.

Jelissej trat die Reise frohen Mutes an; kaum hatte er das Dorf hinter sich, als er gleich alle seine häuslichen Sorgen vergaß. Er dachte nur daran, wie er sich mit seinem Weggenossen vertragen konnte, wie er sich aller groben Redensarten enthalten wollte, wie er in Liebe und Eintracht das Ziel der Wanderschaft erreichen und ebenso wieder heimkehren sollte. Im Gehen flüsterte er Gebete vor sich hin oder sagte Stücke aus den Heiligenlegenden, die er gerade im Kopfe hatte, auf. Wenn er aber unterwegs oder in einer Herberge mit jemand zusammenkam, gab er sich Mühe, recht freundlich zu sein und fromme Reden zu führen. Und wie er so ging, war er immer voll stiller Freude. Nur eines konnte er nicht fertigbringen: er wollte das Schnupfen aufgeben und hatte daher die Tabaksdose zu Hause gelassen; diese Entbehrung fiel ihm aber sehr schwer. Unterwegs schenkte ihm jemand eine neue Tabaksdose; von Zeit zu Zeit blieb er hinter dem Genossen zurück, um ihn nicht in Versuchung zu führen, und nahm eine Prise.

Auch Jefim Tarassytsch benahm sich auf der Pilgerschaft, wie es ziemt; er tat nichts Sündhaftes, redete nichts Überflüssiges; und doch fehlte ihm die richtige leichte Stimmung. Er konnte die Gedanken an die Wirtschaft nicht los werden. Er mußte immerfort an sein Haus denken. Ob er auch alles dem Sohne befohlen habe und ob der Sohn alles richtig machen werde. Wenn er unterwegs sah, wie Bauern Kartoffeln pflanzten oder Dünger führten, mußte er immer denken, ob sein Sohn auch alles richtig besorgte. Er hatte beinahe das Verlangen, umzukehren, um alles dem Sohne zu zeigen und auch selbst einzugreifen.

III

Die beiden Alten waren schon fünf Wochen auf der Wanderschaft; die von Hause mitgenommenen Bastschuhe hatten sie abgetragen und sich neue kaufen müssen. Und sie kamen in eine Gegend, wo Kleinrussen wohnten. Solange sie in der Nähe der Heimat waren, mußten sie für Nachtlager und Essen zahlen; die Kleinrussen bewirteten sie umsonst und wetteiferten miteinander, die Pilger als Gäste beherbergen zu dürfen. Sie gewährten ihnen Obdach, gaben ihnen zu essen und wollten dafür kein Geld; sie gaben ihnen noch Brot und sogar Fladen für die Weiterreise mit. So ging es etwa siebenhundert Werst weit; dann kamen sie aber in eine Gegend, die von einer Mißernte heimgesucht war. Auch hier gewährte man ihnen ohne Geld Nachtquartier, gab ihnen aber nichts zu essen. Es kam vor, daß sie nicht einmal für Geld Brot bekommen konnten. Die Leute erzählten, daß im vorigen Jahr nichts gediehen war. Reiche Bauern waren zugrunde gerichtet und hatten alles verkaufen müssen; die weniger Bemittelten waren gänzlich verarmt, und die Armen waren entweder fortgezogen, um auf den Landstraßen zu betteln, oder schlugen sich irgendwie zu Hause durch. Im Winter lebten sie von Spreu und Melde.

Die Alten übernachteten einmal in einem Marktflecken, kauften sich da fünfzehn Pfund Brot und machten sich vor Sonnenaufgang auf den Weg, um in der Morgenkühle eine möglichst weite Strecke zurücklegen zu können. Als sie etwa zehn Werst gegangen waren, kamen sie an einen Bach; sie hielten Rast, schöpften Wasser in ihre Näpfe, weichten darin Brot auf, frühstückten und wechselten die Fußlappen. Dann saßen sie noch eine Weile, um auszuruhen. Jelissej holte seinen Schnupftabak hervor. Als Jefim Tarassytsch dies sah, schüttelte er den Kopf und sagte vorwurfsvoll:

„Warum wirfst du diesen Unrat nicht fort?“

Jelissej winkte mit der Hand und sagte:

„Die Sünde hat mich überwältigt. Was kann man dagegen machen!“

Sie standen auf und gingen weiter. Nach weiteren zehn Werst kamen sie in ein großes Dorf. Es war bereits recht heiß geworden. Jelissej war erschöpft; er wollte wieder ausruhen und ein wenig Wasser trinken; Jefim wollte sich aber nicht aufhalten. Er war im Gehen rüstiger, und Jelissej fiel es oft schwer, mit ihm immer gleichen Schritt zu halten.

„Wenn ich nur einen Schluck Wasser trinken könnte!“ sagte Jelissej.

„Nun, trinke doch! Ich mag nicht.“

Jelissej blieb stehen.

„Warte nicht auf mich!“ sagte er. „Ich will nur rasch in jenes Haus laufen und um Wasser bitten. Dann hole ich dich schnell ein.“

„Es ist gut“, sagte darauf Jefim.

Jefim Tarassytsch ging allein weiter, und Jelissej ging auf das Bauernhaus zu.

Jelissej stand vor dem Hause. Es war eine kleine Lehmhütte, unten schwarz und oben weiß; der Lehm war abgebröckelt und offenbar seit langer Zeit nicht mehr gestrichen; auch das Dach war beschädigt. Der

Eingang war von der Hofseite. Jelissej trat in den Hof und sah dort neben einer Bank einen bartlosen, mageren Mann liegen; das Hemd steckte nach Kleinrussenart in der Hose. Der Mann hatte sich wohl in den Schatten gelegt, doch die Sonne war inzwischen höher gekommen und brannte ihm jetzt auf den Kopf. Er lag unbeweglich mit offenen Augen da. Jelissej rief ihn an und bat ihn um Wasser, doch der Mann gab keine Antwort. Entweder ist er krank oder unfreundlich, dachte Jelissej und ging zur Türe. Er hörte in der Stube zwei Kinder weinen. Er klopfte und rief:

„Wirtsleute!“

Niemand antwortete ihm. Er klopfte mit dem Stock und rief wieder:

„Christenmenschen!“

Niemand rührte sich.

„Knechte Gottes!“

Keine Antwort. Jelissej wollte schon weitergehen, hörte aber jemand hinter der Türe stöhnen. Ob da nicht irgendein Unglück geschehen ist? Man muß nachschauen! Und Jelissej trat ins Haus.

IV

Jelissej drückte auf die Klinke – die Türe war nicht versperrt. Er machte sie auf und kam in den Flur. Auch die Türe zur Stube stand offen. Links war der Ofen; gerade vor ihm die Wand mit den Heiligenbildern und ein Tisch; hinter dem Tisch eine Bank; auf der Bank saß eine alte Frau ohne Kopftuch, nur mit einem Hemde bekleidet; sie hatte den Kopf auf den Tisch gelegt; neben ihr stand ein magerer Junge – wie aus Wachs, der Leib aufgedunsen: er weinte, zupfte die Alte am Ärmel und schien sie um etwas zu bitten. Jelissej kam näher. Die Luft in der Stube war schlecht und dumpf. Er sah auf der Pritsche hinter dem Ofen ein Weib liegen. Sie lag auf dem Rücken, mit geschlossenen Augen, röchelte und zuckte mit einem Beine. Sie wand sich in Krämpfen, und der üble Geruch schien von ihr auszugehen; sie lag in ihrem eigenen Unrat, und es war niemand da, der sie umbetten könnte. Die Alte hob den Kopf und erblickte den fremden Mann.

„Was willst du? Wir können dir nichts geben, denn wir haben selbst nichts."

Obwohl sie kleinrussisch sprach, konnte sie Jelissej doch verstehen. Er ging auf sie zu und sagte:

„Ich will nur um Wasser bitten, Magd Gottes."

„Niemand kann dir hier Wasser geben. Bei uns ist nichts zu holen. Geh weiter!"

Jelissej fragte:

„Ist denn niemand da, der die kranke Frau umbetten könnte?"

„Niemand. Der Bauer stirbt auf dem Hofe und wir hier."

Als der Knabe den Fremden sah, hörte er zu weinen auf. Als aber die Alte zu sprechen begann, zupfte er sie wieder am Ärmel, weinte und bat:

„Brot, Großmutter, gib Brot!"

Jelissej wollte die Alte weiter ausforschen, in diesem Augenblicke kam aber der Bauer, wankend wie ein Betrunkener, in die Stube. Er tastete sich an der Wand entlang und wollte sich auf die Bank setzen; er setzte sich daneben und fiel zu Boden. Er versuchte gar nicht aufzustehen und begann zu sprechen: er sprach abgerissen und holte nach jedem Worte Atem.

„Die Krankheit hat uns befallen, und hungrig sind wir auch. Das Kind da stirbt vor Hunger."

Der Bauer zeigte mit einer schwachen Kopfbewegung auf den Knaben und weinte.

Jelissej schüttelte den Sack auf seinem Rücken, befreite die Arme aus den Riemen, warf den Sack zu Boden, hob ihn dann auf die Bank und begann ihn aufzubinden. Er holte ein Brot und ein Messer hervor, schnitt ein Stück ab und reichte es dem Bauern. Der Bauer nahm es nicht, sondern zeigte auf den Knaben und ein Mädchen, das hinter dem Ofen stand, damit er es ihnen gäbe. Jelissej gab das Stück dem Knaben. Als der Knabe das Brot sah, griff er mit beiden Händchen zu, steckte das ganze

Gesicht ins Brot und begann gierig zu essen. Hinter dem Ofen kam das Mädchen hervor und starrte unverwandt auf das Brot. Jelissej gab auch ihr. Er schnitt noch eine Scheibe ab und gab sie der Alten. Auch die Alte begann zu kauen.

„Wenn wir auch noch einen Schluck Wasser haben könnten!“ sagte sie. „Uns allen ist der Mund eingetrocknet. Ich wollte gestern oder heute – ich weiß es nicht mehr genau – Wasser holen. Es gelang mir wohl, den Eimer aus dem Brunnen herauszuziehen, ich konnte ihn aber nicht ins Haus tragen. Ich schüttete alles aus und fiel auch selbst hin. Mit großer Mühe schleppte ich mich ins Haus. Der Eimer liegt wohl auch jetzt noch an jener Stelle, wenn ihn nicht jemand fortgetragen hat.“

Jelissej fragte, wo der Brunnen sei, und die Alte erklärte es ihm. Er ging hin, fand den Eimer, brachte Wasser und gab den Leuten zu trinken. Die Kinder aßen noch etwas Brot und tranken dazu Wasser; auch die Alte aß, doch der Bauer wollte nicht essen. Er sagte: „Es ekelt mich vor dem Essen.“ – Die Kranke lag noch immer bewußtlos auf ihrem Lager und warf sich hin und her. Jelissej ging ins Dorf zum Krämer und kaufte Hirse, Salz, Mehl und Butter; dann suchte er das Beil auf, hackte Holz und machte Feuer. Das Mädchen half ihm dabei. Er kochte Suppe und Brei und gab den Leuten zu essen.

V

Der Bauer aß jetzt auch mit; die Alte aß, die Kinder leckten die ganze Schüssel aus und legten sich umschlungen schlafen.

Der Bauer und die Alte erzählten nun Jelissej, wie sie in diese Lage geraten waren.

„Wir lebten auch bis dahin dürftig. Als aber die Mißernte kam, verzehrten wir noch im Herbste alles, was wir hatten. Und als wir nichts mehr hatten, baten wir die Nachbarn und Wohltäter um Hilfe. Anfangs gab man uns noch, dann hörte es aber auf. Viele, die uns gerne etwas gegeben hätten, hatten selbst nichts. Auch schämten wir uns, bei den Leuten zu bitten: wir schuldeten überall Geld, Mehl und Brot.“

Der Bauer erzählte: „Ich suchte Arbeit, fand aber keine. In der ganzen Gegend verdingen sich die Bauern als Arbeiter für das Brot allein. Einen Tag arbeitet man, und zwei Tage muß man neue Arbeit suchen. Nun gingen die Alte und das Mädchen betteln. Sie bekamen nur wenig Almosen, denn die meisten hatten nicht einmal Brot. Wir schlugen uns aber noch immerhin durch und glaubten, bis zur neuen Ernte irgendwie auskommen zu können. Doch im Frühjahr gab uns kein Mensch mehr Almosen. Auch befiel uns noch die Krankheit. Nun waren wir ganz schlimm daran. Wir aßen einen Tag und hungerten zwei Tage. Wir begannen Gras zu essen. Von dieser Nahrung, oder auch von etwas anderem, wurde meine Frau krank. Die Frau liegt, und auch ich bin so schwach, daß ich kaum gehen kann."

„Nun mußte ich alles allein machen," sagte die Alte. „Ich hielt es aber nicht lange aus, denn vor Hunger verlor ich die letzten Kräfte. Auch das Mädchen ist schwach und scheu geworden. Wir wollten sie zu den Nachbarn schicken, sie ging aber nicht hin. Sie verkroch sich in die Ecke und wollte nicht heraus. Vorgestern schaute eine Nachbarin herein; als sie aber sah, daß wir alle hungrig und krank sind, ging sie wieder weg. Ihr Mann ist fortgegangen, und sie hat selbst nichts, womit sie ihre kleinen Kinder ernähren könnte. So lagen wir da und warteten auf den Tod."

Als Jelissej solche Reden hörte, entschloß er sich, bei den Leuten über Nacht zu bleiben und den Genossen erst am nächsten Tage einzuholen. Am nächsten Morgen machte er sich an die Arbeit, als ob er selbst Herr im Hause wäre. Er half der Alten Brotteig bereiten, heizte den Herd und ging mit dem Mädchen zu den Nachbarn, um sich das Notwendigste zu verschaffen. Die Leute hatten ihren ganzen Besitz, wie die Wirtschaftsgeräte so auch die Kleider, verkauft und verzehrt; sie hatten nichts im Hause. Jelissej schaffte nun die nötigsten Sachen an; manches machte er mit eigenen Händen, und manches kaufte er. So verging ein Tag und der andere; drei Tage war Jelissej bei den Leuten. Der Knabe hatte sich etwas erholt und begann auf der Bank umherzukriechen und sich an Jelissej zu schmeicheln. Das Mädchen war ganz lustig geworden und half ihm in allen Arbeiten. Sie folgte Jelissej auf Schritt und Tritt und redete ihn mit „Großväterchen“ an. Als die Alte sich wieder bewegen konnte, ging sie zur Nachbarin. Der Bauer ging in der Stube umher, mußte sich aber noch immer an den Wänden entlang tasten. Nur die kranke Frau blieb noch liegen; am dritten Tage kam sie aber zu sich und verlangte zu essen. Als die Leute so weit waren, sagte sich Jelissej: „Ich habe wirklich nicht geglaubt, daß ich mich hier so lange aufhalten würde; nun ist's Zeit, daß ich weitergehe.“

VI

Doch als er am vierten Tage aufbrechen wollte, überlegte er sich: „Die Petrifasten gehen zu Ende; nun will ich mit den Leuten das Fastenende feiern, ihnen etwas zum Feste kaufen und am Abend weitergehen.“ Jelissej ging wieder zum Krämer und kaufte Weizenmehl, Milch und Speck. Er half der Alten backen und kochen; am nächsten Morgen ging er zur Messe, kam aus der Kirche heim und aß mit den Leuten die für das Fest bereiteten Speisen. An diesem Tage stand auch die kranke Frau auf und begann umherzugehen. Der Bauer rasierte sich, zog sich ein sauberes Hemd an – die Alte hatte es ihm gewaschen – und ging ins Dorf zum reichen Bauern, um sein Herz zu erweichen: er hatte diesem Bauern seinen Heuschlag und Ackergrund verpfändet, nun ging er ihn bitten, ob er ihm nicht beides bis zur neuen Ernte zurückgeben würde. Am Abend kam er niedergeschlagen zurück und begann zu weinen. Der Reiche hatte ihm die Gefälligkeit nicht erweisen wollen und hatte gesagt: Bringe erst das Geld, dann kannst du alles haben.

Jelissej wurde wieder nachdenklich und sagte sich: „Wie sollen nun die Leute weiterleben? Wenn alle anderen zum Heuen gehen, müssen sie zu Hause bleiben, denn ihr Heuschlag ist verpfändet. Wenn das Korn reif wird und die Leute es schneiden werden – das Korn ist ja heuer so gut gediehen! – können sie nicht mit, denn auch ihr Acker ist dem reichen Bauern verpfändet. Wenn ich sie jetzt verlasse, werden sie wieder herunterkommen.“ – Jelissej änderte wieder seinen Entschluß; er ging nicht am Abend, sondern blieb noch bis zum nächsten Morgen. Die letzte Nacht verbrachte er auf dem Hofe. Er sprach sein Nachtgebet, legte sich nieder, konnte aber nicht einschlafen. Er mußte doch endlich fort, denn er hatte schon viel Zeit verloren und viel Geld vertan; doch taten ihm auch die Leute leid. „Alle Armen kann man doch wirklich nicht versorgen!“ sagte er sich. „Ich wollte ihnen anfangs nur Wasser bringen und etwas Brot geben; nun kostet mich die Sache viel mehr. Jetzt bin ich so weit, daß ich ihnen ihren Heuschlag und Acker auslösen muß. Und ist das geschehen, muß ich auch den Kindern eine Milchkuh und dem Bauern einen Arbeitsgaul kaufen. Du hast dich zu sehr verwickelt, lieber Jelissej Kusmitsch! Nun hast du jeden Halt verloren und treibst wie ein Schiff ohne Anker.“

Jelissej stand auf, holte aus der Tasche des Kaftans, den er sich unter den Kopf gelegt hatte, seine Schnupftabaksdose hervor und nahm eine Prise. Er glaubte, daß seine Gedanken davon klarer werden würden, dies trat aber nicht ein: er dachte lange hin und her und konnte keinen Ausweg finden. Er mußte fort, doch auch die Leute taten ihm leid. Und er wußte nicht, was er anfangen sollte. Er legte sich den Kaftan wieder unter den Kopf und versuchte einzuschlafen. Als die ersten Hähne krähten, kam ihm der Schlaf. Plötzlich war es ihm, als ob ihn jemand geweckt hätte. Er sah sich selbst ganz reisefertig mit dem Sack auf dem Rücken und dem Stock in der Hand vor dem Tore stehen. Das Tor stand aber nur so weit offen, daß er noch gerade durchschlüpfen konnte. Und als er durchs Tor ging, hakte sich der Sack an einem Torflügel fest. Und als er ihn losmachen wollte, verfing sich ein Fußlappen am Zaune, und der Fußlappen löste sich. Und wie er den Fuß losmachen wollte, sah er, daß er sich nicht am Zaune verfangen hatte, sondern daß das kleine Mädchen ihn festhielt und rief: „Großväterchen, Großväterchen, gib Brot!“ Am Fuße hielt ihn aber der Knabe fest, und aus dem Hause blickten die Alte und der Bauer heraus.

Als Jelissej erwachte, sagte er laut zu sich selbst: „Ich werde morgen den Heuschlag und den Acker auslösen und den Leuten ein Pferd und eine Kuh kaufen. Wenn ich übers Meer gehe, um den Heiland zu suchen, kann ich ihn leicht in mir selbst verlieren. Es ist wohl besser, wenn ich die Leute versorge.“

Jelissej schlief wieder ein. Als er frühmorgens erwachte, ging er sofort zu dem reichen Bauern, gab ihm Geld und löste Heuschlag und Acker aus. Dann kaufte er eine Sense – denn die Leute besaßen nicht einmal eine Sense – und brachte sie heim. Er schickte den Bauern mit der Sense zum Heuen und ging wieder ins Dorf. Beim Schenkwirt stand gerade ein Pferd mit Wagen zum Verkauf. Er machte mit dem Wirt den Preis aus und ging weiter, um auch noch eine Kuh zu kaufen. Unterwegs holte er zwei Dorfweiber ein. Und Jelissej hörte, daß sie über ihn sprachen. Eine der Bäuerinnen erzählte:

„Anfangs wußten sie gar nicht, was für ein Mensch er ist; sie glaubten, er sei ein gewöhnlicher Pilger. Wie sie sagen, war er zu ihnen gekommen, um einen Schluck Wasser zu trinken; ist aber dann bei ihnen wohnen geblieben. Sie sagen, er hätte ihnen alles gekauft. Ich habe es mit eigenen Augen gesehen, wie er beim Schenkwirt Pferd und Wagen kaufte. Gibt es doch noch solche Menschen auf der Welt! Ich will hingehen und ihn mir anschauen."

Als Jelissej hörte, daß sie ihn lobten, gab er die Absicht, auch eine Kuh zu kaufen, auf. Er kehrte zu dem Schenkwirt zurück, bezahlte den ausbedungenen Preis, spannte das Pferd vor den Wagen und fuhr zu seinen Leuten. Als sie das Pferd sahen, wunderten sie sich. Sie ahnten, daß er das Pferd für sie gekauft hatte, wagten es aber nicht auszusprechen. Der Bauer kam aus dem Hause, um das Tor aufzumachen.

„Woher hast du das Pferd, Großvater?" fragte er.

„Ich hab's gekauft," erwiderte Jelissej. „Der Preis war billig. Mähe mir etwas Gras, damit das Pferd zur Nacht Futter hat."

Der Bauer spannte das Pferd aus, mähte eine Tracht Gras und legte es in die Krippe. Man ging zur Ruhe. Jelissej legte sich wieder draußen schlafen; seinen Sack hatte er noch vor Abend auf den Hof gebracht. Als alle schliefen, stand er auf, band den Sack um, zog Schuhe und Kaftan an und machte sich auf den Weg, Jefim einzuholen.

VII

Als Jelissej etwa fünf Werst gegangen war, begann es zu tagen. Er setzte sich unter einen Baum, band den Sack auf und zählte sein Geld nach. Er hatte nur noch siebzehn Rubel und zwanzig Kopeken. Er dachte sich: „Mit diesem Gelde kann man nicht übers Meer kommen. Und wenn ich mir unterwegs das Geld dazu in Christi Namen zusammenbettele, kann es leicht eine große Sünde werden. Gevatter Jefim wird auch ohne mich hinkommen und für mich eine Kerze anzünden. Ich werde meine Schuld wohl bis zum Tode nicht abtragen. Es ist ein Glück, daß der Gläubiger gütig ist und mich nicht drängt."

Jelissej stand auf, nahm den Sack auf den Rücken und ging zurück. Er machte einen Bogen ums Dorf, in dem er die letzten Tage verbracht hatte, damit ihn die Leute nicht erblickten. Bald war er zu Hause. Auf dem Hinwege war ihm das Gehen sehr schwer gefallen, und er hatte oft Mühe gehabt, mit Jefim gleichen Schritt zu halten; auf dem Rückwege gab ihm aber Gott solche Kraft, daß er nichts von Müdigkeit spürte. Das Gehen war ihm jetzt wie ein Kinderspiel; er schwenkte vor Lustigkeit seinen Wanderstab und legte oft siebzig Werst an einem Tage zurück.

Als Jelissej zu Hause anlangte, war die Ernte bereits eingebracht. Die Seinigen freuten sich über die Rückkehr des Vaters. Man begann ihn auszufragen, warum er den Gefährten verlassen habe, warum er nach Hause zurückgekehrt sei, ohne das Ziel der Wallfahrt erreicht zu haben. Jelissej verschwieg seine Erlebnisse. Er sagte nur:

„Gott hat es eben anders gewollt. Ich habe unterwegs mein Geld verloren, und der Gefährte ist allein weitergegangen. So bin ich umgekehrt. Verzeiht mir um Christi willen!"

Er gab seiner Alten den Rest des Geldes zurück und fragte sie nach den häuslichen Angelegenheiten: alles war in Ordnung, die Wirtschaft war aufs beste besorgt, und sie lebten alle in Frieden und Eintracht.

Jefims Angehörige erfuhren noch am gleichen Tage von Jelissejs Heimkehr; sie kamen zu ihm, um sich nach ihrem Alten zu erkundigen.

„Euer Alter ist gesund und rüstig weitergegangen. Wir trennten uns drei Tage vor Peter und Paul; ich wollte ihn anfangs einholen, aber ich hatte das Unglück, mein ganzes Geld zu verlieren, so daß ich nichts hatte, um weiterzugehen. Daher bin ich umgekehrt."

Die Leute wunderten sich: ein so kluger Mann hatte sich so dumm angestellt! Er war fortgegangen und nicht ans Ziel gekommen, hatte nur sein Geld verloren. Sie wunderten sich darüber und vergaßen es mit der Zeit. Auch Jelissej vergaß es. Er ging wieder an die häuslichen Arbeiten: er besorgte mit Hilfe des Sohnes Holz für den ganzen Winter, drosch mit den Weibern das Korn, brachte an den Scheunen neue Dächer an und versorgte seine Bienen. Zehn Bienenstöcke samt Zuzucht gab er dem Nachbarn. Seine Alte wollte ihm verheimlichen, wieviel neue Schwärme sich von den verkauften Bienenstöcken abgeteilt hatten; Jelissej wußte aber selbst, welche Bienenstöcke in der Zeit seiner Abwesenheit neue Schwärme abgelegt hatten; und er gab dem Nachbarn statt zehn Stöcke – siebzehn. Als die ganze Arbeit besorgt war, schickte er den Sohn auf Arbeit und setzte sich selbst hin, Bastschuhe zu flechten und Bienenstöcke auszuhöhlen.

VIII

Als Jelissej bei den Kranken zurückgeblieben war, hatte Jefim auf ihn den ganzen Tag gewartet. Er ging nur eine kurze Strecke weiter und setzte sich am Straßenrande nieder; er wartete und wartete, schlief ein, wachte auf, saß noch eine Weile – doch der Gefährte war noch immer nicht da. Er guckte sich die Augen nach ihm aus. Die Sonne ging unter – Jelissej war noch immer nicht da.

Jefim dachte sich: „Ist er vielleicht an mir vorbeigegangen oder vorbeigefahren (wenn ihn jemand aus Gefälligkeit auf den Wagen genommen hat), während ich schlief, und hat mich nicht bemerkt? Er hätte mich aber doch sehen müssen! In der Steppe sieht man weit. Wenn ich jetzt zurückgehe, kann er inzwischen noch weiter vorwärtskommen. Und wenn wir uns verfehlen, ist es noch schlimmer. Ich will lieber weitergehen und in dem nächsten Nachtquartier auf ihn warten."

Er kam ins Dorf und bat den Schulzengehilfen, falls ein kleiner Greis mit großer Glatze ins Dorf käme, so möchte er ihn sofort zu ihm führen. Jelissej kam aber nicht ins Dorf. Jefim ging weiter und erkundigte sich unterwegs bei allen Leuten, ob sie nicht einen alten Mann mit einer Glatze gesehen hätten. Niemand hatte ihn gesehen. Jefim wunderte sich darüber und ging allein weiter. Er meinte, daß er Jelissej in Odessa oder auf dem Schiffe treffen würde, und machte sich weiter keine Gedanken.

Unterwegs schloß sich ihm ein Pilger an. Der Pilger trug Käppchen und Kutte und hatte langes Haar, wie ein Geistlicher. Wie er behauptete, war er auf dem heiligen Berge Athos gewesen und pilgerte schon zum zweiten Male nach Jerusalem. Sie trafen sich in einer Herberge, kamen ins Gespräch und gingen zusammen weiter.

Frisch und wohlgemut kamen sie nach Odessa. Hier mußten sie drei Tage auf den Abgang des Schiffes warten. Mit ihnen warteten noch viele andere Pilger, die aus den verschiedensten Gegenden zusammengekommen waren. Jefim erkundigte sich bei jedem nach Jelissej, doch niemand hatte ihn gesehen.

Der Pilger belehrte Jefim, wie man die Seereise ohne Bezahlung machen könne. Jefim wollte aber auf ihn nicht hören und sagte:

„Ich will lieber für die Überfahrt ehrlich bezahlen; dazu habe ich ja auch das Geld gespart."

Er bezahlte vierzig Rubel für die Fahrt hin und zurück und kaufte sich Brot und Heringe für die Reise. Als das Schiff beladen war, brachte man auch die Pilger an Bord. Auch Jefim und sein neuer Begleiter schifften sich ein. Man lichtete die Anker und das Schiff fuhr ins offene Meer. Am ersten Tage ging die Reise sehr gut; gegen Abend erhob sich aber ein Wind, es begann zu regnen, das Schiff schaukelte hin und her, und manche Welle schlug über Bord. Das Volk wurde unruhig, die Weiber heulten, und auch manche Männer, die nicht sehr tapfer waren, liefen erschrocken auf dem Schiffe hin und her und suchten sich in Sicherheit zu bringen. Auch Jefim war erschrocken, wollte es aber nicht zeigen: er saß die ganze Nacht und den ganzen folgenden Tag auf der gleichen Stelle, wo er sich gleich beim

Betreten des Schiffes hingesetzt hatte. Neben ihm saßen mehrere alte Männer aus der Gegend von Tambow. Er hielt sein Gepäck fest in den Händen und sprach kein Wort. Am dritten Tage wurde es still; am fünften Tage legte das Schiff in Konstantinopel an. Einige Pilger gingen ans Land, um den Tempel der heiligen Sophia, in dem jetzt die Türken hausen, zu sehen. Jefim ging aber nicht mit und blieb auf dem Schiffe sitzen. Das Schiff lag vor Konstantinopel einen Tag und eine Nacht und fuhr dann weiter. Es hielt noch vor Smyrna und vor Alexandrien und erreichte glücklich die Hafenstadt Jaffa. In Jaffa mußten alle Pilger aussteigen und die siebzig Werst bis Jerusalem zu Fuß zurücklegen. Die Ausschiffung machte den Pilgern große Angst: das Schiff war hoch, und die Pilger mußten vom Bord in ein Boot springen; das Boot schaukelte aber hin und her, und man konnte leicht ins Wasser fallen. Zwei Pilger wurden auch ordentlich durchnäßt, alle kamen aber wohlbehalten ans Land. Man ging zu Fuß weiter und erreichte am vierten Tage Jerusalem. Sie kehrten im russischen Hospiz vor den Toren der Stadt ein, wiesen ihre Pässe vor und aßen zu Mittag. Dann begab sich Jefim, vom Pilger geführt, zu den heiligen Stätten. Das Grab des Herrn konnte man um diese Stunde noch nicht besichtigen. Sie gingen zuerst zur Messe ins Patriarchenkloster, beteten und opferten Kerzen. Die Auferstehungskirche, in der sich das Grab des Herrn befindet, sahen sie nur von außen. Die Kirche ist von allen Seiten so verbaut, daß man sie kaum sehen kann. Sie besuchten die Zelle der ägyptischen Maria, in der sie ihr Seelenheil suchte. Sie stellten Kerzen auf und ließen einen Dankgottesdienst abhalten. Sie wollten noch die Messe am Heiligen Grabe hören, kamen aber zu spät. Sie gingen in das Abrahamskloster und sahen den Garten und die Stätte, wo Abraham seinen Sohn dem Herrn opfern wollte. Dann besuchten sie die Stätte, wo Christus der Maria Magdalena erschienen war, und die Kirche Jakobs, des Bruders des Herrn. Der Pilger zeigte Jefim alle heiligen Stätten und sagte ihm überall, wieviel Geld er opfern und wieviel Kerzen er aufstellen sollte. Als sie ins Hospiz zurückgekehrt waren und sich zur Ruhe begaben, begann der Pilger plötzlich zu ächzen und alle seine Kleider zu durchsuchen. Er jammerte:

„Man hat mir mein Portemonnaie gestohlen. Dreiundzwanzig Rubel waren darin: zwei Zehnrubelscheine und drei Rubel in Kleingeld.“

Der Pilger jammerte noch lange. Es war ihm aber nicht zu helfen, und alle legten sich schlafen.

IX

Auch Jefim legte sich schlafen. Ihn überkamen aber sündige Gedanken. Er sagte sich: „Man hat dem Pilger nichts gestohlen. Er hat wohl gar kein Geld gehabt. Denn nirgends hat er gezahlt. Mich hat er überall zahlen lassen, selbst hat er keinen Heller ausgelegt und hat von mir sogar einen Rubel geliehen.“

Und wie er so denkt, beginnt er sich Vorwürfe zu machen: „Was soll ich den Menschen verdächtigen? Es ist eine große Sünde. Ich will lieber gar nicht daran denken.“

Er muß aber immer wieder denken, wie der Pilger auf sein Geld schielte und wie unwahrscheinlich es klang, als er erzählte, man hätte ihm sein Portemonnaie gestohlen. Und er sagt sich wieder: „Er hat sicher kein Geld gehabt. Es ist Schwindel.“

Am nächsten Morgen gingen sie in die große Auferstehungskirche, zur Frühmesse am Heiligen Grabe. Der Pilger schloß sich gleich wieder Jefim an.

Sie kamen zum Tempel. Draußen stand eine große Menge von Pilgern: Russen waren dabei und noch verschiedene andere Völker – Griechen, Armenier, Türken und Syrer. Unendlich schien ihre Zahl. Jefim ging, von der Menge geschoben, durch die Heilige Pforte an der türkischen Wache vorbei zu jener Stelle, wo Christus vom Kreuze genommen und gesalbt wurde; neun große Leuchter mit brennenden Kerzen stehen an dieser Stelle. Jefim opferte eine Kerze. Der Pilger führte ihn dann rechts die Stufen hinauf nach Golgatha zu jener Stelle, wo das Kreuz gestanden, und Jefim verrichtete hier ein Gebet; dann zeigte man ihm die Spalte, wo die Erde sich bis zur Unterwelt aufgetan hatte, und die Stätte, wo man Christus ans Kreuz geschlagen. Man zeigte ihm Adams Grab, wo das Blut

Christi auf seine Gebeine floß. Dann kamen sie zum Stein, wo Christus gesessen, als man ihn mit der Dornenkrone krönte; dann zum Pfahl, an welchen er gebunden war, als man ihn geißelte. Jefim sah auch den Stein mit den zwei Löchern für die Füße des Heilands. Man wollte ihm noch etwas zeigen, doch das Volk eilte zur Grabkapelle, wo eben eine andersgläubige Messe zu Ende war und die rechtgläubige begann. Auch Jefim kam mit dem Volke in die Grabkapelle. Er wollte gerne den Pilger loswerden, denn die sündhaften Gedanken verfolgten ihn noch immer; der Pilger folgte ihm aber auf Schritt und Tritt und stand nun auch in der Grabkapelle an seiner Seite. Sie wollten sich vordrängen, es gelang ihnen aber nicht mehr: das Gedränge war so groß, daß sie weder vorwärts noch rückwärts konnten. Und wie Jefim so steht, nach vorne schaut und betet, tastet er jeden Augenblick nach seinem Geldbeutel. Er denkt zweierlei: erstens denkt er, daß der Pilger ihn betrogen hat; wenn der Pilger aber nicht lügt und die Sache mit dem Portemonnaie stimmt, könnte es auch ihm so gehen.

X

Jefim steht mitten im Gedränge, betet und blickt nach vorne in die Kapelle, wo das Heilige Grab ist und über dem Grabe sechsunddreißig Lampen brennen. Jefim steht so da, blickt über die Köpfe hinweg, und welch ein Wunder! Vor allen Pilgern, gerade unter den Lampen, steht ein kleiner alter Mann in einem Kaftan aus grobem Tuch; seine große Glatze leuchtet über den ganzen Kopf, ganz wie bei Jelissej Bodrow. „Er sieht wirklich ganz wie Jelissej aus," denkt er sich. „Jelissej aber kann es nicht sein. Er kann unmöglich vor mir nach Jerusalem gekommen sein. Das letzte Schiff war von Odessa acht Tage vor dem unsrigen abgegangen. Mit diesem Schiffe kann er unmöglich gekommen sein. Auf unserem Schiffe war er aber sicher nicht gewesen. Ich habe ja alle Pilger gesehen."

Kaum hatte sich Jefim dies gesagt, als das Männchen zu beten begann. Es verneigte sich dreimal: einmal nach vorne vor dem Herrn und dann nach rechts und nach links vor der rechtgläubigen Christenheit. Und als es den Kopf nach rechts wendete, erblickte Jefim wirklich seinen Freund

Jelissej Bodrow. Er erkannte seinen schwärzlichen, krausen Bart, der an den Wangen leicht ergraut war, seine Augenbrauen, Augen und Nase und das ganze Gesicht – es war leibhaftig Jelissej Bodrow.

Jefim freute sich, daß er seinen Gefährten wiedergefunden hatte, und wunderte sich zugleich, daß Jelissej vor ihm angelangt war.

„Ei, Bodrow, wie er nur so ganz nach vorne geraten ist!" denkt er sich. „Er hat sich wohl irgendeinem geschickten Menschen angeschlossen, der ihn nach vorne geführt hat. Am Ausgange will ich ihn treffen. Meinen Pilger mit dem Käppchen lasse ich laufen und schließe mich an Jelissej an. Er wird mich sicher besser führen."

Jefim paßte also auf, um Jelissej nicht aus den Augen zu verlieren. Die Messe war zu Ende, das Volk drängte sich vor, um das Heiligtum zu küssen, und Jefim wurde dabei zur Seite geschoben. Wieder überkam ihn die Angst um seinen Geldbeutel. Jefim hielt die Hand immer auf dem Beutel und gab sich Mühe, aus dem Gedränge ins Freie zu kommen. Er kam ins Freie, ging überall umher und suchte Jelissej; er fand ihn aber nicht. Nach der Messe besuchte Jefim alle Hospize, konnte ihn aber nirgends finden. An diesem Abend kam auch der Pilger nicht mehr heim. Er war verschwunden und hatte auch den geliehenen Rubel nicht zurückgegeben. Jefim blieb allein.

Am nächsten Tage ging Jefim wieder zum Grabe des Herrn in Gesellschaft eines alten Mannes aus Tambow, mit dem er auf dem Schiffe zusammen gewesen war. Er wollte in die vorderste Reihe kommen, man drängte ihn aber wieder zurück. Er stand an einer Säule und betete. Und wie er nach vorne blickt, sieht er wieder dicht am Heiligen Grabe unter den Lampen Jelissej stehen. Er hat die Arme ausgebreitet, wie ein Priester am Altare, und seine Glatze leuchtet über den ganzen Kopf. „Nun," denkt Jefim, „diesmal werde ich ihn nicht aus den Augen lassen." Er zwängte sich durch und kam in die vorderste Reihe. Jelissej war aber nicht mehr da.

Auch am dritten Tage geht Jefim zur Messe, und wieder sieht er an der heiligen Stätte Jelissej stehen; er hat die Arme ausgebreitet und blickt nach oben, als ob er etwas über sich sähe. Und seine Glatze leuchtete über den ganzen Kopf. „Nun," denkt sich Jefim, „jetzt wird er mir ganz gewiß nicht entwischen. Ich will mich beim Ausgang aufstellen und ihn abfangen. Wir können uns dabei unmöglich verfehlen." Jefim stand beim Ausgange, das ganze Volk ging an ihm vorbei, Jelissej war aber nicht darunter.

Jefim verbrachte sechs Wochen in Jerusalem und besuchte alle heiligen Stätten: Bethlehem, Bethanien und den Jordan; am Grabe Christi ließ er sich ein Siegel auf ein neues Hemd, in dem man ihn dereinst begraben sollte, aufdrücken. Er nahm auch ein Fläschchen Jordanwasser mit, auch Erde und Kerzen von den heiligen Stätten, gab sein ganzes Geld aus und behielt sich nur so viel, wie die Heimreise kostete. Und Jefim trat seinen Rückweg an. Er ging nach Jaffa, fuhr zu Schiff nach Odessa und ging von dort zu Fuß nach Hause.

XI

Jefim ging den gleichen Weg wie auf der Hinreise. Und wie er sich der Heimat näherte, befiel ihn die Sorge, wie die Seinigen wohl ohne ihn leben mochten. „In einem Jahre", denkt er sich, „fließt viel Wasser. Sein ganzes Leben lang richtet man sich sein Hauswesen ein, und nichts ist leichter, als es in einem Jahre zugrunde zu richten. Wie mag wohl der Sohn gewirtschaftet haben? Wie war das Frühjahr ausgefallen, wie hat das Vieh den Winter überstanden, wie ist das neue Haus geraten?" Jefim kam in die Gegend, wo er im vorigen Jahre Jelissej aus den Augen verloren hatte. Die Leute konnte man gar nicht wiedererkennen. Wer im vorigen Jahre hungerte, lebte jetzt ohne Sorgen. Die Ernte war gut geraten, die Leute waren wieder auf die Beine gekommen und schienen das frühere Unglück vergessen zu haben. Gegen Abend erreichte Jefim das nämliche Dorf, wo er sich von Jelissej getrennt hatte. Kaum war er im Dorfe, als aus einem Hause ein Mädchen im weißen Hemd herauslief und ihm zurief:

„Großvater, Großvater, kehre doch bei uns ein!"

Jefim wollte weitergehen, doch das Mädchen ergriff ihn an den Schößen des Kaftans und zog ihn lachend zum Hause.

An der Haustüre erschien eine Frau mit einem Knaben; sie winkten ihm und luden ihn ein:

„Kehre bei uns ein, Großvater! Du kannst mit uns zu Abend essen und bei uns übernachten."

Jefim kehrte ein. Er wollte bei dieser Gelegenheit sich nach Jelissej erkundigen: es war dasselbe Haus, in das er ging, um zu trinken. Jefim trat in die Stube, die Frau half ihm den Sack vom Rücken nehmen, brachte ihm Wasser zum Waschen und wies ihm einen Platz am Tische an. Sie brachte Milch herbei, Kuchen und Grütze und setzte alles auf den Tisch. Jefim bedankte sich und lobte die Leute, daß sie so gastfreundlich die Pilger empfingen.

Die Frau schüttelte den Kopf und sagte:

„Wir müssen wohl freundlich zu jedem Pilger sein. Denn ein Pilger hat uns den Weg zum Leben gezeigt. Wir lebten in Sünden, und Gott hat uns dafür so gestraft, daß wir nur noch auf den Tod warteten. Im vorigen Sommer lagen wir alle krank vor Hunger. Es wäre um uns geschehen gewesen, aber Gott schickte uns einen alten Mann, wie du. Eines Tages kam er zu uns, nur um zu trinken; als er uns aber sah, erbarmte er sich unser und blieb bei uns. Er gab uns zu trinken und zu essen, brachte unser Hauswesen instand, löste das verpfändete Land aus, kaufte Pferd und Wagen und ließ sie uns zurück."

In die Stube kam eine Alte und unterbrach die Frau:

„Wir wissen selber nicht, ob es ein Mensch oder ein Engel Gottes war. Alle liebte er, alle bemitleidete er. Und er ging fort, ohne uns etwas davon zu sagen. Wir wissen nicht, für wen wir zu Gott beten sollen. Ich sehe es noch so deutlich vor mir: ich liege da, warte auf den Tod, und plötzlich kommt ein einfacher alter Mann mit einer Glatze herein und bittet um einen Trunk. Ich Sünderin dachte mir noch: was treiben sich die Leute herum? – Was tat aber er? – Als er uns sah, nahm er gleich den Sack ab, setzte ihn hier an dieser Stelle hin, band ihn auf . . ."

Das Mädchen unterbrach die Alte:

„Nein, Großmutter, er hat den Sack erst mitten in der Stube hingesetzt und dann auf die Bank gehoben.“

Und sie begannen zu streiten und gedachten aller seiner Handlungen und Worte: wo er geschlafen, was er getan, wie und zu wem er gesprochen.

Zur Nacht kam auch der Bauer mit dem Pferde heim. Auch er erzählte von Jelissej und wie er bei ihnen gewohnt hatte.

„Wäre er nicht zu uns gekommen,“ sagte er, „so würden wir wohl alle in unseren Sünden gestorben sein. Wir waren verzweifelt und sahen den Tod vor Augen, murrten auf Gott und die Menschen. Er hat uns aber wieder auf die Beine geholfen, und durch ihn haben wir Gott erkannt und den Glauben an gute Menschen gewonnen. Möge ihm Christus seine Gnade erweisen! Früher lebten wir dahin wie das liebe Vieh, und er hat uns zu Menschen gemacht.“

Die Leute gaben Jefim zu essen und zu trinken, wiesen ihm ein Nachtlager an und legten sich auch selbst schlafen.

Wie Jefim so liegt, muß er immer an Jelissej denken, den er zu Jerusalem dreimal am Heiligen Grabe gesehen hat.

„In diesem Hause,“ denkt er sich, „hat er mich überholt. Ob mein Opfer im Himmel angenommen ist oder nicht, weiß ich nicht; doch sein Opfer hat der Herr sicher angenommen.“

Am Morgen verabschiedete sich Jefim von den Leuten. Sie gaben ihm Kuchen auf die Reise und gingen an ihre Arbeit. Und Jefim brach auf und setzte seinen Weg fort.

XII

Jefim war genau ein Jahr ausgeblieben. Als er nach Hause kam, war wieder Frühjahr.

Er erreichte sein Haus gegen Abend. Der Sohn war nicht zu Hause: er saß in der Schenke. Als er später angeheitert nach Hause kam, begann ihn Jefim auszufragen. Jefim merkte sofort, daß der Sohn übel gewirtschaftet hatte: das Geld hatte er vertan und alle Geschäfte vernachlässigt. Der Vater machte ihm Vorwürfe, und der Sohn wurde grob.

„Du hättest doch selbst", sagte der Sohn, „alles machen sollen. Du bist aber auf die Reise gegangen und hast das ganze Geld mitgenommen. Und jetzt willst du noch von mir Rechenschaft darüber!"

Der Alte geriet in Zorn und verprügelte den Sohn.

Am nächsten Morgen begab sich Jefim Tarassytsch zum Schulzen, um seinen Paß abzuliefern. Wie er an Jelissejs Haus vorbeigeht, sieht er Jelissejs Alte vor dem Hause stehen. Sie begrüßte ihn:

„Gott zum Gruß, Gevatter! Bist du glücklich zurückgekehrt?"

Jefim Tarassytsch blieb stehen und antwortete:

„Meine Reise ist, Gott sei Dank, glücklich gewesen, habe aber unterwegs deinen Alten verloren. Nun höre ich, daß er allein nach Hause zurückgekehrt ist."

Die Alte war sehr gesprächig, und sie begann zu erzählen:

„Längst ist er zurückgekehrt, Wohltäter. Es wird wohl bald nach Mariä Himmelfahrt gewesen sein. Wir freuten uns sehr, als Gott ihn wieder heimbrachte. Denn ohne ihn war es so traurig bei uns. Er kann zwar nicht mehr viel arbeiten, denn seine besten Jahre sind dahin. Aber immerhin ist er das Haupt im Hause, und mit ihm ist es viel lustiger. Und wie sich unser Sohn gefreut hat! Ohne ihn, sagte er, ist es genau so wie ohne Licht in den Augen. Wenn er nicht zu Hause ist, Freundchen, freut uns das Leben nicht, denn wir lieben ihn und hängen an ihm."

„Nun, ist er jetzt zu Hause?"

„Zu Hause, Freund, er ist im Bienengarten, er schart die Schwärme zusammen. Der Schwarm ist heuer gut, sagt er. Gott hat heuer den Bienen solche Kraft gegeben, wie es der Alte noch nie gesehen hat. Gott hat wohl gar nicht an unsere Sünden gedacht, als er uns solche Gnade erwies, sagt er. Komm herein, Freund, wie wird sich der Alte freuen!"

Jefim geht durch den Flur und den Hof in den Bienengarten zu Jelissej. Er kommt in den Garten und sieht: Jelissej steht ohne Netz und ohne Handschuhe im grauen Kaftan unter einer Birke, hat seine Arme ausgebreitet und schaut nach oben, und seine Glatze leuchtet über den ganzen Kopf; genau so hatte er zu Jerusalem am Grabe des Herrn gestanden; und wie in Jerusalem die Lampen, leuchtet über ihm durch das Laub der Birke die Sonne; über seinem Haupte schweben goldene Bienen, einen goldenen Kranz bildend, und sie stechen ihn nicht.

Jefim blieb stehen.

Jelissejs Alte rief ihrem Manne zu:

„Dein Gevatter ist zu dir gekommen!"

Jelissej blickte sich um, war sehr erfreut und ging auf den Gevatter zu. Im Gehen nahm er sich vorsichtig einige Bienen aus dem Bart.

„Grüß Gott, Gevatter! Grüß Gott, Freund . . . Wie war die Reise?"

„Meine Füße haben die Reise gemacht; ich habe dir auch Wasser aus dem Jordan mitgebracht. Besuche mich einmal und hole es dir! Ob aber der Herr mein Opfer in Gnade aufgenommen . . ."

„Nun, Gott sei Dank, der Heiland sei uns gnädig . . ."

Jefim schwieg eine Weile, dann fuhr er fort:

„Meine Füße waren in Jerusalem, ob aber auch meine Seele da war, oder ob jemand anderer . . ."

„Es ist Gottes Sache, Gevatter, Gottes Sache."

„Auf dem Rückwege kehrte ich auch in jenem Hause ein, bei welchem ich dich auf dem Hinwege verloren habe . . ."

Jelissej erschrak und fiel Jefim ins Wort:

„Es ist Gottes Sache, Gevatter, Gottes Sache. Komm doch in die Stube herein, ich will dich mit Honig bewirten."

Und Jelissej brach das Gespräch ab und begann von häuslichen Angelegenheiten zu sprechen.

Jefim seufzte und sprach nicht mehr von den Leuten im kleinrussischen Dorfe, noch davon, daß er Jelissej in Jerusalem gesehen. Und er begriff, daß Gott einem jeden Menschen eine Steuer auferlegt hat, die mit Liebe und guten Werken bezahlt wird.

Meine Hunde

I. Buljka

Ich hatte einmal einen kleinen Bullenbeißer. Er hieß Buljka. Er war ganz schwarz, nur die Enden der Vorderpfoten waren weiß. Bei allen Bullenbeißern ist das untere Gebiß länger als das obere, und die oberen Zähne greifen in die unteren ein. Bei Buljka ragte aber das untere Gebiß so weit hervor, daß man zwischen die oberen und unteren Zähne einen Finger legen konnte. Buljkas Gesicht war breit, die Augen waren groß, schwarz und glänzend, die weißen Zähne ragten immer aus dem Maule. Er sah einem Mohren ähnlich. Buljka war friedfertig und biß nicht, hatte aber eine große Kraft und die Fähigkeit, sich fest in etwas zu verbeißen. Wenn er sich in etwas festbiß, so preßte er die Zähne zusammen und blieb wie ein Lappen hängen, so daß man ihn wie eine Zecke nicht mehr losreißen konnte.

Einmal ließ man ihn gegen einen Bären los; er biß sich dem Bären ins Ohr fest und blieb wie ein Blutegel hängen. Der Bär schlug ihn mit den Tatzen, drückte ihn an sich, warf ihn von der einen Seite auf die andere, konnte ihn aber nicht losreißen; schließlich stürzte er sich kopfüber, um Buljka zu erdrücken. Buljka hielt sich aber so lange an ihm fest, bis man ihn mit kaltem Wasser zur Besinnung brachte.

Ich bekam ihn als junges Hündchen und zog ihn selbst groß. Als ich in den Kaukasus reiste, wollte ich ihn nicht mitnehmen; ich machte mich unbemerkt auf die Reise und ließ ihn einsperren. Als ich auf der ersten Station den Wagen wechselte, sah ich plötzlich etwas Schwarzes und Glänzendes auf der Straße daherrollen. Es war Buljka mit seinem Messinghalsband. Er raste wie der Wind auf die Station zu. Er stürzte mir entgegen, leckte mir die Hand und streckte sich im Schatten unter dem Wagen aus. Seine Zunge hing handbreit aus dem Maule heraus. Bald zog er sie wieder ein und schluckte den Speichel, bald streckte er sie wieder handbreit heraus. Er atmete viel zu schnell, und seine Flanken hüpften förmlich. Er wälzte sich von Seite zu Seite und klopfte mit dem Schwanze auf die Erde.

Ich erfuhr später, daß er nach meiner Abreise die Fensterscheibe entzweigeschlagen hatte, aus dem Fenster gesprungen und auf meiner Spur in der Mittagsglut an die zwanzig Werst weit gerannt war.

II. Buljka und der Eber

Im Kaukasus gingen wir einmal auf die Wildschweinjagd, und Buljka lief mit mir mit. Kaum hatten die Hetzhunde das Wild aufgestöbert, als Buljka auf ihr Gebell hin in den Wald stürzte und verschwand. Es war im November: die Wildschweine und Eber pflegen um diese Zeit sehr fett zu sein.

Im Kaukasus gibt es in den Wäldern, wo die Wildschweine hausen, viele schmackhafte Früchte: wilde Trauben, Zapfen, Äpfel, Birnen, Brombeeren, Eicheln, Schlehen. Wenn alle diese Früchte reif und vom ersten Froste getroffen worden sind, fressen sich die Wildschweine voll und werden fett.

So ein Wildschwein ist um diese Zeit oft so fett, daß es nicht lange vor den Hunden herlaufen kann. Wenn man es an die zwei Stunden verfolgt hat, verkriecht es sich ins Dickicht und macht halt. Die Jäger eilen dann zu der Stelle, wo es haltmacht, und schießen. Nach dem Gebell der Hunde kann man erkennen, ob das Wildschwein noch läuft oder steht. Solange es läuft, winseln die Hunde so, als ob man sie schlüge; wenn es aber haltmacht, bellen sie es wie einen Menschen an und heulen.

Bei dieser Jagd lief ich lange durch den Wald, es gelang mir aber kein einziges Mal, einem Wildschwein in den Weg zu kommen. Endlich hörte ich das gedehnte Gebell und Geheul der Hetzhunde und eilte zu jener Stelle. Ich hatte den Eber schon beinahe erreicht und hörte schon das

Krachen im Dickicht. Der Eber wehrte sich gegen die Hunde. Dem Gebell konnte ich aber anhören, daß sie ihn nicht überfielen, sondern nur um ihn herumkreisten. Plötzlich hörte ich hinten etwas rascheln und erblickte Buljka. Er hatte offenbar die Fährte der Hetzhunde im Walde verloren und sich verirrt; jetzt hatte er aber wohl ihr Gebell gehört und war gleich mir wie der Wind hierhergeeilt. Er lief durch das hohe Gras einer Waldwiese, und ich konnte nur seinen schwarzen Kopf und die Zunge zwischen seinen weißen Zähnen sehen. Ich rief ihn an, er sah sich aber nicht um, überholte mich und verschwand im Dickicht. Ich lief ihm nach, aber je weiter ich kam, um so dichter wurde der Wald. Die Äste schlugen mir die Mütze vom Kopfe und peitschten mich ins Gesicht, und meine Kleider blieben in den Dornen der Schlehen hängen. Ich war schon ganz nahe an der Stelle, wo das Gebell tönte, konnte aber nichts sehen.

Plötzlich hörte ich, wie die Hunde lauter bellten, wie etwas krachte und der Eber zu schnaufen und zu schnarchen anfing. Ich glaubte, Buljka hätte ihn nun erreicht und kämpfte mit ihm. Ich nahm meine letzte Kraft zusammen und lief durchs Dickicht zu der Stelle. Mitten im Dickicht erblickte ich einen gefleckten Hetzhund. Er bellte und heulte, ohne sich von der Stelle zu rühren, und drei Schritt vor ihm bewegte sich etwas Schwarzes.

Als ich näher kam, erkannte ich den Eber und hörte Buljka durchdringend winseln. Der Eber fing zu grunzen an und rückte gegen den Hetzhund vor; der Hetzhund klemmte den Schwanz ein und sprang zurück. Nun sah ich die Flanke und den Kopf des Ebers. Ich zielte nach der Flanke und feuerte. Ich sah, daß ich ihn getroffen hatte. Der Eber grunzte und entfernte sich, durchs Dickicht krachend. Die Hunde folgten ihm winselnd und bellend; ich brach durchs Dickicht ihnen nach. Plötzlich sah und hörte ich etwas fast dicht vor meinen Füßen. Es war Buljka. Er lag auf der Seite und winselte. Unter ihm war eine Blutlache. Ich dachte mir, der Hund sei hin. Ich kümmerte mich aber jetzt nicht um ihn und brach weiter ins Dickicht ein. Bald erblickte ich den Eber. Die Hunde griffen ihn von hinten an, und er wandte sich bald nach der einen, bald nach der anderen Seite. Als der Eber mich erblickte, ging er auf mich los. Ich schoß zum zweiten Male aus nächster Nähe, so daß seine Borsten Feuer fingen; der Eber röchelte, wankte und stürzte mit seinem ganzen Körper schwer zu Boden.

Als ich näher kam, war der Eber schon tot, aber durch seinen Körper lief noch hie und da ein Zucken. Die Hunde zerrten ihn mit gesträubtem Fell am Bauche und an den Beinen, andere leckten das Blut, das aus seiner Wunde lief.

Nun fiel mir Buljka ein, und ich ging ihn suchen. Er kroch mir entgegen und stöhnte. Ich ging auf ihn zu, hockte mich hin und sah mir seine Wunde an. Sein Bauch war aufgeschlitzt, und ein ganzer Knäuel Därme hing aus der Wunde heraus und schleifte über das trockene Laub. Als die Kameraden zu mir kamen, stopften wir Buljkas Därme in die Wunde und nähten ihm den Bauch zu. Während wir ihm den Bauch zunähten und seine Haut durchstachen, leckte er mir fortwährend die Hände.

Man band den Eber an den Schweif eines Pferdes, um ihn aus dem Walde zu schleifen, legte Buljka auf das Pferd und brachte ihn so nach Hause. Buljka war an die sechs Wochen krank und genas dann vollständig.

III. Die Fasane

Im Kaukasus nennt man die wilden Hühner Fasane. Es gibt ihrer so viel, daß sie billiger sind als gewöhnliche Hühner. Man jagt die Fasane „mit dem Gestell“, „auf dem Baum“ und mit dem Hühnerhund. Mit dem Gestell jagt man so: man bespannt einen Rahmen mit Segeltuch, bringt in der Mitte des Rahmens eine Querleiste an und macht im Segeltuch einen Schlitz. Diesen mit Segeltuch bespannten Rahmen nennt man Gestell. Mit diesem Gestell und mit dem Gewehr geht man beim Morgengrauen in den Wald. Man trägt das Gestell vor sich her und hält durch den Schlitz Ausschau nach Fasanen. Die Fasane suchen am frühen Morgen ihr Futter auf den Waldwiesen. Zuweilen trifft man eine ganze Familie, – eine Henne mit den Jungen, manchmal einen Hahn mit einer Henne, manchmal einige Hähne zusammen.

Die Fasane sehen den Menschen nicht; vor dem Gestell haben sie keine Angst und lassen den Menschen ganz nahe heran. Nun stellt der Jäger das Gestell hin, steckt das Gewehr durch den Schlitz und schießt nach seiner Wahl.

„Auf dem Baume" jagt man so: man läßt einen Hofhund in den Wald laufen und geht ihm nach. Wenn der Hund auf einen Fasan stößt, stürzt er ihm nach. Der Fasan fliegt auf einen Baum, und der Hund fängt zu bellen an. Der Jäger kommt auf das Gebell heran und schießt den Fasan auf dem Baume. Diese Jagd wäre sehr leicht, wenn der Fasan sich auf einen freistehenden Baum setzen wollte und sichtbar wäre. Die Fasane setzen sich aber immer auf dichte Bäume im Dickicht und verstecken sich, sobald sie den Jäger sehen, im Geäst. Und es ist oft sehr schwer, durchs Dickicht zum Baume zu gelangen, auf dem der Fasan sitzt, und noch schwerer, ihn zu erspähen. Solange der Hund allein den Fasan anbellt, fürchtet er ihn nicht: er sitzt auf dem Ast, sträubt sogar drohend die Federn und schlägt mit den Flügeln. Sobald er aber den Menschen erblickt, legt er sich platt hin, so daß nur ein geübter Jäger ihn bemerken kann; der Ungeübte steht aber dabei und sieht nichts.

Wenn die Kosaken an die Fasane heranschleichen, stülpen sie sich die Mützen übers Gesicht und schauen nicht hinauf, denn der Fasan fürchtet den Menschen mit einem Gewehr, am meisten fürchtet er aber seine Augen.

Mit dem Hühnerhund jagt man so: man nimmt einen Hühnerhund mit und folgt ihm durch den Wald. Der Hund wittert, wo die Fasane beim Morgengrauen ihr Futter gesucht haben, und untersucht ihre Spuren. Soviel die Fasane auch herumgeirrt haben, ein guter Hund findet immer die letzte Spur und die Fährte vom Futterplatz weg. Je weiter der Hund die Fährte verfolgt, um so stärker ist die Witterung, und so erreicht er die Stelle, wo der Fasan bei Tage im Grase sitzt oder herumgeht. Wenn er schon ganz nahe herangekommen ist, glaubt er, der Fasan sei dicht vor ihm; er geht immer vorsichtiger vor, um ihn nicht aufzuscheuchen, und macht immer halt, um den Fasan mit einem Satz zu fassen. Wenn der

Hund ganz nahe herangekommen ist, fliegt der Fasan auf, und der Jäger schießt.

IV. Milton und Buljka

Für die Fasanenjagd schaffte ich mir einen Hühnerhund an. Dieser Hund hieß Milton; er war hochgebaut, hager, gesprenkelt auf grauem Grunde, hatte lange Lefzen und Ohren und war sehr stark und klug. Mit Buljka lebte er in Frieden. Kein Hund griff Buljka an. Wenn er bloß seine Zähne zeigte, klemmten die anderen Hunde die Schwänze ein und zogen sich zurück. Einmal ging ich mit Milton auf die Fasanenjagd. Plötzlich kam Buljka mir im Walde nachgelaufen. Ich wollte ihn verjagen, konnte es aber nicht. Aber nach Hause zu gehen, um ihn einzusperren, war mir zu weit. Ich glaubte, er würde mich nicht stören, und ging weiter; kaum hatte aber Milton im Grase die Spur eines Fasans gefunden und zu suchen angefangen, als Buljka vorwärts stürmte und nach allen Seiten rannte. Er wollte den Fasan vor Milton aufscheuchen. Er witterte etwas im Grase, sprang und kreiste herum; er hatte aber eine schlechte Nase und konnte allein die Spur nicht finden: er sah immer auf Milton und lief in die Richtung, die Milton einschlug. Sooft Milton eine Spur aufnahm, lief Buljka voraus. Ich rief Buljka zurück, schlug ihn, konnte aber mit ihm nichts machen. Sobald Milton zu suchen anfing, rannte er voraus und störte ihn. Ich wollte schon nach Hause gehen, weil ich die Jagd für verdorben hielt, aber Milton fand ein besseres Mittel, Buljka irrezuführen. Er machte es so: sooft Buljka in der von Milton angegebenen Richtung vorauslief, gab Milton die Spur auf, wandte sich nach einer anderen Seite und tat so, als ob er etwas witterte. Buljka stürzte sofort hin, Milton sah sich aber nach mir um, wedelte mit dem Schwanz und schlug wieder die richtige Spur ein. Buljka richtete sich wieder nach Milton und lief voraus, aber Milton ging wieder absichtlich zehn Schritte auf die Seite, betrog auf diese Weise Buljka und führte mich dann wieder auf die richtige Spur. So betrog er während der ganzen Jagd Buljka und ließ ihn die Sache nicht verderben.

V. Die Schildkröte

Einmal ging ich mit Milton auf die Jagd. Am Waldrande fing er mit gestrecktem Schwanz zu suchen an, spitzte die Ohren und schnüffelte. Ich machte das Gewehr schußbereit und ging ihm nach. Ich glaubte, er suche ein Rebhuhn, einen Fasan oder einen Hasen. Milton ging aber nicht in den Wald, sondern ins Feld. Ich ging ihm nach und blickte voraus. Plötzlich sah ich das, was er gesucht hatte. Vor uns lief eine mittelgroße Schildkröte, so groß wie eine Mütze. Der nackte, dunkelgraue Kopf am langen Halse ragte vor wie ein Blumengriffel; die Schildkröte machte mit ihren nackten Beinen große Schritte, und ihr Rücken war mit einem Panzer bedeckt.

Als sie den Hund erblickte, versteckte sie die Beine und den Kopf und ließ sich ins Gras nieder, so daß nur noch die Schale zu sehen war. Milton packte sie und begann an ihr zu nagen, konnte sie aber nicht durchbeißen, denn die Schildkröte hat am Bauche die gleiche Schale wie am Rücken; nur vorn, hinten und an den Seiten sind Öffnungen, durch die sie den Kopf, die Beine und den Schwanz heraussteckt.

Ich nahm die Schildkröte Milton weg und sah mir an, wie ihr Rücken gemustert und wie die Schale beschaffen war und wie sie sich einzog. Wenn man sie in den Händen hält und unter die Schale blickt, so sieht man innen, wie in einem Keller, etwas Schwarzes und Lebendiges. Ich warf die Schildkröte ins Gras und ging weiter, Milton wollte sie aber nicht aufgeben und trug sie in den Zähnen mir nach. Plötzlich winselte er und ließ sie los. Die Schildkröte hatte eine Pfote herausgesteckt und ihm den Mund gekratzt. Er wurde so böse, daß er zu bellen anfing, sie wieder packte und weitertrug. Ich befahl ihm wieder, sie liegen zu lassen, aber Milton hörte nicht auf mich. Nun nahm ich ihm die Schildkröte weg und warf sie fort. Aber er ließ sie nicht in Ruhe. Er fing an, neben ihr ein Loch zu graben; als das Loch fertig war, warf er die Schildkröte mit den Pfoten hinein und scharrte sie zu.

Die Schildkröten leben wie auf der Erde so auch im Wasser, ganz wie die Ringelnattern und die Frösche. Sie legen ihre Eier auf die Erde, brüten sie aber nicht aus; die Eier platzen von selbst wie die Fischeier, und aus ihnen schlüpfen kleine Schildkröten heraus. Es gibt Schildkröten, nicht größer als eine Untertasse, und auch große, drei Ellen lang und zwanzig Zentner schwer. Die großen Schildkröten leben in den Meeren.

Jede Schildkröte legt im Frühjahr Hunderte von Eiern. Die Schale ist nichts anderes als ihre Rippen. Bei den Menschen und anderen Tieren sind aber die Rippen gesondert, und bei der Schildkröte sind sie zu einer Schale zusammengewachsen. Vor allen Dingen haben alle Tiere ihre Rippen innen, unter dem Fleische, die Schildkröte hat aber ihre Rippen oben, und das Fleisch ist unter ihnen.

VI. Buljka und der Wolf

Als ich vom Kaukasus fortzog, gab es dort noch Krieg, und es war gefährlich, nachts ohne Begleitsoldaten zu reisen.

Ich wollte möglichst früh am Morgen aufbrechen und legte mich darum gar nicht schlafen.

Mein Freund kam, um mich zu begleiten, und wir saßen den ganzen Abend und die ganze Nacht auf der Dorfstraße vor meinem Häuschen.

Es war eine neblige Mondnacht, und es war so hell, daß man lesen konnte, obwohl der Mond unsichtbar blieb.

Plötzlich hörten wir mitten in der Nacht in einem Hofe gegenüber ein Ferkel kreischen.

Einer von uns rief: „Ein Wolf hat das Ferkel überfallen!"

Ich lief ins Haus, ergriff das geladene Gewehr und stürzte auf die Straße. Alle standen vor dem Tore des Hofes, in dem das Ferkel kreischte, und riefen mir zu: „Hierher!" Milton stürzte mir nach: er glaubte wohl, daß die Jagd gehe; Buljka spitzte aber seine kurzen Ohren und rannte hin und her, als wollte er mich fragen, in wen er sich festbeißen sollte . . . Als ich mich dem geflochtenen Zaun näherte, sah ich, daß von der anderen Seite des Hofes ein Tier auf mich zulief. Es war ein Wolf. Er lief an den Zaun heran und sprang hinauf. Ich rückte etwas weg und hielt das Gewehr schußbereit. Sobald der Wolf vom Zaune zu mir herübergesprungen war, legte ich an und drückte ab; das Gewehr versagte aber. Der Wolf blieb nicht stehen und rannte über die Straße. Milton und Buljka stürzten ihm nach. Milton war schon ganz nahe, hatte aber offenbar Angst, den Wolf anzugreifen, und Buljka konnte ihn nicht einholen, so schnell er auch auf seinen kurzen Beinen rannte. Wir stürzten dem Wolfe nach, aber der Wolf und die Hunde verschwanden uns aus den Augen. Erst am Graben an der Ecke des Dorfes hörten wir abgerissenes Gebell und Gewinsel und sahen durch den Mondnebel hindurch, wie sich an dieser Stelle Staub erhob und wie die Hunde mit dem Wolfe herumbalgten. Als wir den Graben erreichten, war der Wolf nicht mehr da, und beide Hunde kehrten mit erhobenen Schwänzen und bösen Gesichtern zu uns zurück. Buljka knurrte und stieß mich mit dem Kopf: offenbar wollte er mir etwas erzählen, konnte es aber nicht.

Wir untersuchten die Hunde und fanden bei Buljka eine kleine Wunde auf dem Kopfe. Er hatte wohl den Wolf vor dem Graben eingeholt, ihn aber nicht zu ergreifen vermocht; der Wolf hatte ihn gebissen und war weggelaufen. Die Wunde war nicht groß, und die Sache schien nicht gefährlich.

Wir kehrten zum Hause zurück, setzten uns und sprachen über das Vorgefallene. Ich ärgerte mich, daß das Gewehr nicht losgegangen war, und dachte immer daran, daß der Wolf wohl auf der Stelle geblieben wäre, wenn das Gewehr nicht versagt hätte. Mein Freund wunderte sich darüber, daß der Wolf in den Hof geraten war. Ein alter Kosak meinte, es sei gar nichts Wunderliches dabei: es sei überhaupt kein Wolf gewesen, sondern eine Hexe, und diese habe mein Gewehr behext. So saßen wir und sprachen. Plötzlich stürzten die Hunde vor, und wir erblickten mitten auf der Straße den gleichen Wolf; diesmal lief er aber vor unserm Geschrei so schnell davon, daß die Hunde ihn nicht einholen konnten.

Der alte Kosak war nun fest davon überzeugt, daß es kein Wolf, sondern eine Hexe gewesen sei; ich aber fragte mich, ob der Wolf nicht toll gewesen sei: ich hatte noch nie gesehen oder gehört, daß ein Wolf, den man einmal davongejagt, zu den Menschen wieder zurückgekehrt wäre.

Für jeden Fall streute ich auf Buljkas Wunde etwas Schießpulver und zündete es an. Das Schießpulver flammte auf und brannte die Wunde aus.

Ich brannte die Wunde mit Schießpulver aus, um den giftigen Speichel, wenn er noch nicht ins Blut gedrungen wäre, auszubrennen. Wenn der Speichel aber schon ins Blut geraten wäre, so würde sich das Gift, wie ich wußte, mit dem Blute im ganzen Körper ausbreiten, und dann könnte man den Hund nicht mehr heilen.

VII. Was Buljka in Pjatigorsk zustieß

Aus dem Dorfe fuhr ich nicht direkt nach Rußland, sondern erst nach Pjatigorsk, wo ich zwei Monate blieb. Milton schenkte ich dem alten Kosaken, der auch Jäger war, Buljka nahm ich aber nach Pjatigorsk mit.

Pjatigorsk (deutsch: Fünfberg) heißt so, weil es auf dem Berge Besch-Tau steht. Besch heißt auf deutsch: fünf, und Tau: Berg. Aus diesem Berge fließt heißes Schwefelwasser. Dieses Wasser ist kochend heiß, und über der Stelle, wo es aus dem Felsen kommt, steht immer eine Dampfwolke wie über einem Teekessel. Die ganze Gegend, in der diese Stadt liegt, ist sehr heiter. Aus den Bergen laufen heiße Quellen, unterhalb des Berges fließt der Bach Podkumok. Auf dem Berge sind Wälder, ringsherum liegen Felder, und in der Ferne sind immer die hohen kaukasischen Berge sichtbar. Der Schnee auf diesen Bergen schmilzt niemals, und sie sind immer so weiß wie Zucker. Ein hoher Berg, Elbrus, der an einen weißen Zuckerhut erinnert, ist bei heiterem Wetter von überall her zu sehen. Zu den heißen Quellen kommen Menschen gefahren, um sich zu kurieren; über den Quellen sind Lauben und Schutzdächer angebracht und ringsherum Gärten und Wege angelegt. Des Morgens spielt Musik, und die Leute trinken Wasser oder baden darin und gehen spazieren.

Die Stadt selbst steht auf dem Berge, und unterhalb des Berges liegt die Vorstadt. Ich wohnte in der Vorstadt, in einem kleinen Häuschen. Das Häuschen lag im Hofe, vor den Fenstern war ein Gärtchen, und im Gärtchen standen die dem Hausherrn gehörenden Bienen, nicht in Holzstöcken, wie man sie in Rußland hat, sondern in runden Körben. Die

Bienen sind dort so friedlich, daß ich jeden Morgen mit Buljka zwischen den Bienenstöcken zu sitzen pflegte.

Buljka ging zwischen den Stöcken auf und ab, staunte die Bienen an, schnupperte, hörte ihrem Summen zu, bewegte sich aber so vorsichtig zwischen ihnen, daß er die Bienen nicht störte und sie ihm nichts taten.

Eines Morgens kehrte ich von der Heilquelle nach Hause zurück und setzte mich ins Gärtchen, um meinen Kaffee zu trinken. Buljka fing an, sich hinter den Ohren zu kratzen, und sein Halsband rasselte. Der Lärm beunruhigte die Bienen, und ich nahm Buljka das Halsband ab. Etwas später hörte ich einen furchtbaren Lärm. Die Hunde bellten, heulten und winselten, die Menschen schrien, und dieser Lärm kam aus der Stadt, vom Berge her und näherte sich immer mehr unserer Vorstadt. Buljka hörte auf sich zu kratzen, legte seinen breiten Kopf mit den weißen Zähnen zwischen die weißen Vorderpfoten, legte auch seine Zunge zurecht und lag ruhig neben mir. Als er den Lärm hörte, begriff er anscheinend, was los war; er spitzte die Ohren, fletschte die Zähne, sprang auf und knurrte. Der Lärm kam immer näher. Es war, als heulten, bellten und winselten die Hunde von der ganzen Stadt. Ich trat ans Tor, um zu sehen; auch meine Hausfrau kam heraus. Ich fragte sie: „Was ist das?“ Sie antwortete: „Es sind die Sträflinge aus dem Zuchthause; sie ziehen herum und schlagen die Hunde tot. Die Hunde haben sich furchtbar vermehrt, und die Stadtverwaltung hat befohlen, die Hunde in der ganzen Stadt totzuschlagen.“

„Wie? Werden sie auch Buljka totschlagen, wenn er ihnen in den Weg kommt?“

„Nein, solche, die Halsbänder haben, dürfen sie nicht totschlagen.“

Während ich mit der Frau sprach, näherten sich die Sträflinge unserem Hofe.

Vorne gingen Soldaten und hinten vier Sträflinge in Ketten. Zwei der Sträflinge hatten lange Eisenhaken in den Händen und die anderen zwei Knüppel. Vor unserem Hofe fing einer der Sträflinge mit seinem Haken einen kleinen Hofhund und zog ihn in die Mitte der Straße, und der andere schlug mit seinem Knüppel auf das Tier ein. Der Hund winselte entsetzlich, und die Sträflinge riefen etwas und lachten. Der Sträfling mit dem Haken drehte den Hund um; als er merkte, daß er schon tot war, zog er den Haken heraus und sah sich um, ob nicht ein anderer Hund in der Nähe wäre.

In diesem Augenblick stürzte Buljka, Hals über Kopf, wie er sich auf einen Bären zu stürzen pflegte, auf diesen Sträfling. Mir fiel ein, daß er ohne Halsband war, und ich schrie: „Buljka, zurück!“ Ich rief auch den Sträflingen zu, daß sie meinen Buljka nicht schlagen sollten. Als aber der Sträfling Buljka erblickte, lachte er auf, holte geschickt mit dem Haken aus und fing Buljka am Schenkel. Buljka wollte zurück, aber der Sträfling zog ihn zu sich heran und sagte zum anderen: „Hau' zu!“ Der andere erhob schon den Knüppel, und Buljka wäre sicher erschlagen worden; aber er nahm seine ganze Kraft zusammen, die Haut am Schenkel riß, und der Hund stürzte mit eingezogenem Schwanz, mit einer roten Wunde am Beine durch die Gartenpforte ins Haus und verkroch sich unter mein Bett.

Er war gerettet, weil die Haut an der Stelle, wo der Haken saß, gerissen war.

VIII. Das Ende Buljkas und Miltons

Buljka und Milton erlebten ihr Ende um die gleiche Zeit. Der alte Kosak verstand nicht mit Milton umzugehen. Statt ihn nur auf die Federwildjagd mitzunehmen, führte er ihn auch auf die Wildschweinjagd. Im gleichen Herbste schlitzte ihm ein zweijähriger Eber mit seinen Hauern den Leib auf. Niemand verstand die Wunde zu vernähen, und Milton ging ein. Auch Buljka lebte nicht lange nach seiner Rettung vor den Sträflingen. Bald nach diesem Erlebnis verfiel er in eine triste Stimmung und bekam die Angewohnheit, alles zu lecken, auf was er stieß; er leckte mir auch die Hände, aber ganz anders, als er es sonst zu tun pflegte, wenn er mir seine Liebe zeigen wollte. Er leckte lange und drückte dabei fest mit der Zunge; später fing er auch an, mit den Zähnen zu schnappen. Er hatte offenbar das Bedürfnis, meine Hand zu beißen, wollte es aber nicht tun. Ich gab ihm meine Hand nicht mehr. Nun fing er an, meinen Stiefel und das

Tischbein zu lecken, später auch zu beißen. Das dauerte zwei Tage, am dritten Tag aber verschwand er, und man sah und hörte von ihm nichts mehr.

Niemand konnte ihn gestohlen haben, er hat auch nicht einfach weglaufen können; dies geschah aber sechs Wochen nach dem Tage, an dem ihn der Wolf gebissen hatte. Der Wolf war also wirklich toll gewesen. Buljka hatte die Tollwut bekommen und war weggelaufen. Er hatte das, was die Jäger „stille Wut" nennen. Man sagt, die Tollwut bestehe darin, daß das kranke Tier Krämpfe in der Kehle bekomme. Die tollen Tiere wollen trinken und können es nicht, weil die Krämpfe beim Trinken noch stärker werden. Vor Schmerz und Durst geraten sie außer sich und beginnen zu beißen. Bei Buljka fingen wohl diese Krämpfe an, als er meine Hand und das Tischbein erst leckte und dann zu beißen begann.

Ich ritt in der ganzen Umgebung herum und fragte alle nach Buljka, konnte aber nicht erfahren, wo er hingeraten und wie er verendet war. Wäre er, wie die anderen tollen Hunde, herumgelaufen und hätte gebissen, so würde ich sicher etwas über ihn gehört haben. Er hatte sich aber wohl irgendwo ins Dickicht verkrochen und war dort verendet. Die Jäger sagen, daß ein kluger Hund, der die stille Wut bekommen hat, in die Felder und Wälder läuft, dort ein bestimmtes Kraut sucht, sich im Morgentau wälzt und sich auf diese Weise kuriert. Buljka gelang es wohl nicht, sich zu kurieren. Er war verschwunden und kam nie wieder. Wir waren auf einer Bärenjagd. Mein Freund schoß auf den Bären, traf ihn aber in eine weiche Stelle. Der Bär ließ etwas Blut im Schnee zurück und entkam.

Die Bärenjagd

Wir trafen uns im Walde und berieten uns, was nun zu machen sei: sollen wir jetzt gleich auf die Suche nach diesem Bären gehen oder an die drei Tage warten, bis er wieder zur Ruhe kommt und sich irgendwo niederlegt?

Wir befragten die Bärenjäger unter den Bauern, ob man diesen Bären jetzt wieder einkreisen könne. Ein alter Bärenjäger sagte: „Nein, es geht nicht, man muß ihm Zeit lassen, zur Ruhe zu kommen; nach fünf Tagen wird man ihn einkreisen können, wenn man ihn aber jetzt verfolgt, so macht man ihn nur scheu, und er wird sich nicht niederlegen."

Ein junger Bärenjäger widersprach aber dem Alten und sagte, man könne den Bären jetzt wohl einkreisen: „Bei diesem Schnee wird der Bär nicht weit fortkommen können, er ist zu feist. Er wird sich heute noch irgendwo niederlegen. Und wenn er sich nicht niederlegt, so hole ich ihn auf den Schneeschuhen ein."

Auch mein Freund wollte den Bären nicht verfolgen und riet zu warten.

Ich sagte: „Was sollen wir streiten? Tut, was ihr wollt, ich werde aber mit Demjan die Spur verfolgen. Wenn wir ihn einholen, so ist es gut, und wenn wir ihn nicht einholen, so ist es einerlei: heute haben wir sowieso nichts zu tun, es ist aber noch nicht spät."

So machten wir es auch.

Unsere Genossen gingen zu den Schlitten und fuhren ins Dorf, und ich und Demjan versorgten uns mit Brot und blieben im Walde.

Als die anderen gegangen waren, untersuchten Demjan und ich unsere Gewehre, steckten die Schöße unserer Pelze in die Gürtel und gingen der Bärenspur nach.

Das Wetter war schön: frostig und windstill. Auf den Schneeschuhen kamen wir aber schwer vorwärts: der Schnee war tief und locker. Im Walde gab es noch keine feste Schneeschicht, außerdem hatte es einen Tag vorher geschneit, und die Schneeschuhe versanken eine Viertelelle und noch tiefer in den Schnee.

Die Bärenspur war weit sichtbar. Man konnte genau sehen, wie der Bär gegangen und wie er stellenweise bis an den Bauch eingesunken war und den Schnee aufgewühlt hatte. Anfangs verfolgten wir die Spur durch den Hochwald; als die Spur dann durch niederes Tannengehölz ging, blieb Demjan stehen und sagte: „Jetzt müssen wir die Spur aufgeben. Er wird sich wohl hier niederlegen. Er hat angefangen, sich hinzusetzen, man sieht es ja im Schnee. Lassen wir die Spur seitwärts liegen und machen wir einen Bogen. Wir müssen aber ganz still sein, nicht schreien, nicht husten, sonst scheuchen wir ihn auf."

Wir bogen nach links ab. Als wir an die fünfhundert Schritt gegangen waren, sahen wir die Bärenspur wieder vor uns. Wir gingen wieder der Spur nach, und diese führte uns auf die Landstraße. Wir blieben auf der Landstraße stehen und untersuchten, nach welcher Richtung der Bär weitergegangen sei. Stellenweise sahen wir auf der Straße Abdrücke der ganzen Bärentatze mit den Zehen, stellenweise Spuren von Bastschuhen, wie sie die Bauern tragen. Der Bär war offenbar in der Richtung auf das Dorf zu gegangen.

Wir gingen die Landstraße entlang. Demjan sagte: „Jetzt brauchen wir gar nicht auf die Straße zu schauen: wir werden schon im Schnee sehen, wo der Bär nach rechts oder nach links abgebogen ist. Irgendwo muß er doch abgebogen sein, der Bär wird doch nicht ins Dorf gehen."

So legten wir etwa eine Werst auf der Landstraße zurück. Da sahen wir eine Spur, die von der Straße seitwärts führte. Wir sahen genauer hin: was für ein Wunderl Es war wohl eine Bärenspur, sie führte aber nicht von der Straße in den Wald, sondern aus dem Walde auf die Straße: die Zehen waren zur Straße gerichtet. Ich sagte: „Es ist ein anderer Bär." Demjan sah hin, dachte nach und sagte: „Nein, es ist wohl derselbe, aber er will uns irreführen. Er ist von der Straße rückwärts abgebogen." Wir gingen der Spur nach; ja, es stimmte. Der Bär war wohl an die zehn Schritt von der Straße rückwärts gegangen, hatte sich hinter einer Tanne umgedreht und war dann vorwärts gegangen. Demjan blieb stehen und sagte: „Jetzt werden wir ihn sicher umgehen können. Er kann sich nirgends niederlegen als in diesem Sumpfe. Wollen wir einen Bogen machen."

Wir machten einen Bogen durch dichtes Tannengehölz. Ich war schon sehr müde, und das Fahren auf den Schneeschuhen wurde sehr beschwerlich. Bald stieß man auf einen Wacholderbusch und blieb an ihm hängen, bald bekam man einen Tannenast zwischen die Füße, bald rutschte ein Schneeschuh auf die Seite, bald fuhr man gegen einen unter dem Schnee verborgenen Baumstumpf oder Klotz. Ich war erschöpft. Ich zog den Pelz aus, ich war in Schweiß gebadet. Demjan schwamm aber wie in einem Boot. Die Schneeschuhe bewegten sich unter ihm ganz von selbst. Nirgends blieb er hängen, nirgends rutschte er aus. Er warf sich auch noch meinen Pelz über die Schultern und trieb mich immer zur Eile an.

Wir machten einen Umweg von etwa drei Werst und gingen um den Sumpf herum. Ich fing an, zurückzubleiben, – die Schneeschuhe rutschten immer auf die Seite, und die Füße verfingen sich ineinander. Plötzlich blieb Demjan vor mir stehen und winkte mit der Hand: „Hörst du, wie die Elster über dem Windbruch schreit; der Vogel wittert ihn aus der Ferne. Er ist es."

Wir bogen ab, gingen noch eine Werst und gerieten wieder auf die alte Spur. So hatten wir einen Kreis um den Bären herum gemacht, und er war innerhalb unseres Kreises geblieben. Wir machten halt. Ich nahm mir die Mütze vom Kopfe und knöpfte alle Kleider auf: es war mir heiß wie in einem Dampfbade, und ich war so naß wie eine Maus. Auch Demjan war ganz rot geworden und wischte sich mit dem Ärmel den Schweiß vom Gesicht. „Herr," sagte er, „wir haben unsere Sache gemacht, jetzt müssen wir ausruhen."

Durch den Wald leuchtete aber schon das Abendrot. Wir setzten uns auf die Schneeschuhe, um auszuruhen. Wir holten aus dem Sacke Brot und Salz; ich aß zuerst etwas Schnee und machte mich dann an das Brot. Das Brot schmeckte mir so gut wie noch nie im Leben. So saßen wir eine Weile. Indessen fing es zu dunkeln an. Ich fragte Demjan, ob es bis zum Dorfe noch weit wäre. „Ja, so an die zwölf Werst. Wir werden es auf die Nacht erreichen, jetzt müssen wir aber ausruhen. Zieh deinen Pelz an, Herr, sonst erkältest du dich."

Demjan brach einige Tannenzweige ab, stampfte den Schnee fest und bereitete ein Lager; wir legten uns nebeneinander hin und verschränkten die Hände im Nacken. Ich weiß selbst nicht, wie es kam, daß ich plötzlich einschlief. Ich erwachte nach etwa zwei Stunden. Etwas hatte gekracht.

Ich war fest eingeschlafen und hatte ganz vergessen, wo ich mich befand. Ich sah mich um – was für ein Wunder, wo bin ich? Ich sehe um mich her einen weißen Palast mit weißen Säulen, und alles glitzert und strahlt. Ich blicke hinauf – über mir sind weiße Streifen und Bögen, und zwischen den Bögen eine stahlblaue Decke mit vielen bunten Feuern. Ich sah mich um und besann mich, daß wir uns im Walde befanden, und merkte, daß ich die verschneiten und bereiften Bäume für einen Palast gehalten hatte; die Feuer waren aber die Sterne, die am Himmel zwischen den Ästen flimmerten.

Am Abend war Reif gefallen: auf den Ästen lag Reif, auf meinem Pelz lag Reif, auch Demjan war ganz von Reif bedeckt, und von oben fiel Reif herab. Ich weckte Demjan. Wir stellten uns auf unsere Schneeschuhe und gingen weiter. Im Walde war es ganz still, wir hörten nur, wie unsere Schneeschuhe über den weichen Schnee glitten und wie ab und zu ein Baum im Froste krachte, so daß es im ganzen Walde widerhallte. Nur ein einziges Mal raschelte etwas Lebendiges ganz nahe an uns vorbei und lief davon. Ich sagte mir gleich, daß es der Bär sei. Wir gingen an die Stelle, wo wir das Rascheln gehört hatten, und sahen eine Hasenspur. Die jungen Espen ringsherum waren angenagt. Hier hatten also Hasen geäst.

Wir kamen wieder auf die Landstraße, banden die Schneeschuhe am Gürtel fest und gingen die Straße weiter. Das Gehen fiel uns leicht. Die Schneeschuhe klapperten hinter uns auf der festgefahrenen Straße, der Schnee knirschte unter den Stiefeln, der kalte Reif klebte wie Flaum auf den Gesichtern. Die Sterne schienen uns an den Ästen entlang entgegenzulaufen, sie leuchteten bald auf und erloschen dann wieder, der ganze Himmel war in Bewegung.

Mein Freund schlief. Ich weckte ihn. Wir erzählten ihm, wie wir den Bären umgangen hatten, und befahlen dem Wirt, für den nächsten Morgen Bauern als Treiber zu bestellen. Wir aßen zur Nacht und legten uns schlafen.

Ich war so müde, daß ich bis zum Mittag hätte schlafen können, aber mein Freund weckte mich. Ich sprang auf und sah, daß mein Freund schon fertig angekleidet war und sich mit seinen Gewehren zu schaffen machte.

„Wo ist Demjan?“ Er war schon längst im Walde. Er hatte schon die Einkreisung nachgeprüft, war wieder hier gewesen und dann mit den Treibern weggegangen. Ich wusch mich, zog mich an und lud meine Gewehre; wir setzten uns in einen Schlitten und fuhren hin.

Der Frost war noch immer streng, alles war still, und die Sonne blieb unsichtbar; oben schwebte ein Nebel, und Reif fiel herab.

Wir legten an die drei Werst auf der Landstraße zurück und näherten uns dem Walde. Wir sehen – unten schwebt ein blauer Rauch, und Bauern und Bauernweiber mit Knüppeln stehen herum.

Wir stiegen aus und gingen auf die Leute zu. Die Bauern sitzen da, braten sich Kartoffeln und scherzen mit den Weibern.

Auch Demjan war mit ihnen. Die Leute erhoben sich, und Demjan führte sie fort, um sie längs des Kreises, den wir gestern gemacht hatten, aufzustellen. Die Männer und Weiber, zusammen dreißig Seelen, stellten sich in einer geraden Linie auf, – man sah sie nur bis zum Gürtel – und verschwanden im Walde; mein Freund und ich folgten dann ihrer Spur.

Der Weg war zwar schon festgestampft, aber das Gehen fiel nicht leicht; dafür konnte man nirgends hinfallen, – man ging wie zwischen zwei Mauern.

So gingen wir etwa eine halbe Werst weit; da sahen wir, wie Demjan uns von der anderen Seite entgegenlief und mit der Hand winkte, daß wir zu ihm kämen.

Wir kamen zu ihm heran, und er wies uns unsere Plätze an. Ich stellte mich auf meinen Platz und sah mich um.

Links von mir ist hohes Tannengestrüpp; durch das Gestrüpp hindurch kann ich weit sehen, und hinter den Bäumen erkenne ich die dunkle Gestalt eines Treibers. Mir gegenüber steht dichtes junges

Tannengebüsch, etwa mannshoch. Die Äste hängen herab und sind vom Schnee zusammengeklebt. Mitten durch das Gebüsch führt ein schneeverwehter Pfad. Der Pfad mündet gerade vor mir. Rechts von mir ist wieder dichtes Tannengebüsch, und hinter diesem eine Wiese. Und ich sehe, wie Demjan meinen Freund auf dieser Wiese aufstellt.

Ich untersuche meine beiden Gewehre, spanne die Hähne und überlege mir dann, wo ich mich am besten hinstellen soll. Drei Schritt hinter mir ragt eine hohe Fichte. Ich will mich an der Fichte aufstellen und das andere Gewehr an sie lehnen. Ich ging zur Fichte, sank bis über die Kniee ein, stampfte neben dem Baume einen Raum von anderthalb Ellen fest und richtete mich da ein. Das eine Gewehr nahm ich in die Hand und lehnte das andere mit gespannten Hähnen an die Fichte. Ich zog den Dolch aus der Scheide und steckte ihn wieder hinein, um mich zu vergewissern, ob er sich im Notfalle leicht herausziehen ließe.

Kaum hatte ich mir's bequem gemacht, als ich Demjan im Walde schreien hörte: „Er geht, er geht! Er kommt!“ Und sofort fingen die Bauern mit verschiedenen Stimmen zu schreien an: „Er kommt! Uh-uh-uh!“ schrien die Männer. „Ai! Hi-hi!“ schrien die Weiber mit hohen Stimmen.

Der Bär war im Kreise. Demjan trieb ihn vor. Überall ringsum schrien die Bauern, nur ich und mein Freund standen schweigend und unbeweglich da und warteten auf den Bären. Ich stehe da, schaue hin, höre, und mein Herz klopft. Ich stütze mich aufs Gewehr und zittere. Gleich wird er herausspringen, denke ich mir, ich werde zielen und schießen, und er wird hinfallen . . . Plötzlich höre ich, wie links etwas in den Schnee einstürzt, es ist aber weit von mir. Ich blicke auf das hohe Tannengebüsch: fünfzig Schritt hinter den Bäumen steht etwas Schwarzes und Großes. Ich lege an und warte. Ich denke mir: ob er nicht näher kommt? Ich sehe: er zuckt mit den Ohren, wendet sich um und geht zurück. Nun kann ich ihn von der Seite ganz sehen. Ein Riesenvieh! Ich ziele viel zu schnell und paff! Ich höre, wie meine Kugel einen Baumstamm trifft. Ich sehe durch den Rauch hindurch, wie mein Bär gegen die Treiberkette rennt und im Walde verschwindet. Nun, denke ich mir, ich habe meine Sache verdorben, jetzt wird er nicht mehr zu mir kommen; entweder kommt mein Freund zum Schuß oder der Bär rückt gegen die Bauern vor, jedenfalls nicht gegen mich. – Ich stehe da, habe mein Gewehr wieder geladen und lausche. Die Bauern schreien von allen Seiten, aber rechts, nicht weit von meinem Freund, schreit ein Weib besonders laut: „Da ist er! Da ist er! Da ist er! Hierher! Hierher! Ai–ai–ai!"

Sie sieht wohl den Bären dicht vor sich. Ich erwarte ihn nicht mehr und blicke nach rechts zu meinem Freund hinüber. Ich sehe: Demjan läuft mit einem Stöckchen in der Hand, ohne Schneeschuhe, auf dem Fußpfade zu meinem Freund, hockt sich neben ihn hin und deutet auf etwas mit dem Stock, als ob er zielte. Ich sehe, mein Freund legt an und zielt dorthin, wohin Demjan zeigt. Paff! Nun, denke ich mir, er hat ihn getroffen. Aber ich sehe, mein Freund läuft gar nicht zum Bären. Er hat entweder vorbeigeschossen oder schlecht getroffen. Der Bär wird nun zurückgehen, denke ich mir, zu mir wird er aber nicht mehr kommen. Was ist denn das? Ich höre plötzlich, wie etwas wie ein Sturmwind gegen mich loszieht, ganz in der Nähe bricht der Schnee ein, ich höre ein Schnauben. Ich sehe vor mich hin: er saust auf dem Pfade durch das Tannengestrüpp direkt auf mich zu und scheint vor Angst ganz von Sinnen. Nun ist er nur noch fünf Schritt vor mir, ich kann ihn ganz sehen – die schwarze Brust und den riesengroßen Kopf mit rötlichem Schimmer. Er saust direkt mit der Stirne auf mich zu und schüttet den Schnee nach allen Seiten. Ich sehe es den Augen des Bären an, daß er mich nicht sieht und bloß von Angst getrieben aufs Geratewohl dahersaust. Aber er rennt direkt auf die Fichte zu, an der ich stehe. Ich lege an, drücke ab, er ist aber noch näher gekommen. Ich sehe, ich habe vorbeigeschossen, er merkt es aber nicht, saust direkt auf mich zu und sieht mich noch immer nicht. Ich senke etwas das Gewehr, stoße ihn damit beinahe vor den Kopf, – paff! Ich sehe: ich habe ihn wohl getroffen, aber nicht getötet.

Er hob den Kopf, zog die Ohren ein, fletschte die Zähne und ging auf mich los. Ich ergriff das andere Gewehr; kaum hatte ich es aber in der Hand, als er mich schon in den Schnee geworfen hatte und über mich hinübergesprungen war. Es ist gut, denke ich mir, daß er mich umgeworfen hat. Ich richte mich auf und fühle, daß mich jemand niederdrückt und nicht aufstehen läßt. Er war so ins Rennen gekommen, daß er nicht mehr halten konnte und über mich hinübergesprungen war; dann wandte er sich aber um und wälzte sich mit seinem ganzen Rumpf über mich. Ich fühle, etwas Schweres liegt auf mir, ich fühle etwas Warmes über meinem Gesicht, ich fühle: er nimmt mein ganzes Gesicht in seinen Rachen, meine Nase ist schon in seinem Maul, ich spüre seinen heißen Atem, der nach Blut riecht. Er drückt meine Schultern mit den Tatzen nieder, und ich kann mich nicht rühren. Ich bemühe mich nur, meinen Kopf aus seinem Rachen herauszuziehen und an die Brust zu drücken und meine Nase und die Augen zu befreien. Er will mich aber just an den Augen und an der Nase packen. Ich fühle: er hat mich mit den oberen Zähnen an der Stirne dicht unter den Haaren gepackt, mit den unteren Zähnen aber unter den Augen, hat die Zähne zusammengepreßt und nagt. Es ist mir, als schneide man mir den Kopf mit Messern; ich wehre mich, suche mich zu befreien, er nagt aber wie ein Hund an mir herum und schnappt immerzu. Einmal befreite ich meinen Kopf, er packte ihn aber wieder. Es ist mein Ende, denke ich mir. Plötzlich fühle ich Erleichterung. Ich sehe hin: er ist nicht mehr da, er ist aufgesprungen und davongerannt.

Als mein Freund und Demjan sahen, daß der Bär mich in den Schnee geworfen hatte und an mir nagte, waren sie zu mir gestürzt. Mein Freund wollte mir möglichst schnell zu Hilfe kommen, machte aber einen Fehler: statt auf dem ausgetretenen Pfade zu laufen, lief er über den unberührten Schnee und fiel hin. Während er sich aufrichtete, nagte der Bär immer an mir herum. Demjan aber, der gar kein Gewehr, sondern nur einen Stock hatte, rannte den Pfad entlang und schrie: „Er hat den Herrn umgebracht! Er hat den Herrn umgebracht!“ Er lief und schrie den Bären an: „Ach, du Verrückter! Was tust du! Laß es, laß es!“

Der Bär hörte auf ihn, ließ mich liegen und lief davon. Als ich mich erhob, war im Schnee so viel Blut, als ob man einen Hammel geschlachtet hätte, das Fleisch hing mir über den Augen in Fetzen herunter, aber vor lauter Aufregung spürte ich keinen Schmerz.

Mein Freund kam herbei, auch die Bauern versammelten sich. Sie untersuchten meine Wunde und benetzten sie mit Schnee. Ich dachte aber gar nicht an die Wunde und fragte bloß: „Wo ist der Bär? Wo ist er hingeraten?“ Plötzlich hören wir: „Da ist er, da ist er!“ Wir sehen – der Bär rennt wieder zu uns. Wir griffen nach den Gewehren, aber niemand fand Zeit, loszudrücken, – er war schon vorbeigerannt. Der Bär war wild geworden, wollte wieder an mir nagen, hatte aber die vielen Menschen erblickt und Angst bekommen. Wir erkannten an der Spur, daß er am Kopfe blutete; wir wollten ihn verfolgen, mir tat aber der Kopf weh, und wir fuhren in die Stadt zum Arzt.

Der Arzt vernähte meine Wunden mit Seide, und sie fingen an zu verheilen.

Nach einem Monat machten wir uns wieder gegen diesen Bären auf; es gelang mir aber nicht, ihn zu töten. Der Bär kam nicht aus der Umkreisung heraus, sondern ging immer herum und brüllte mit schrecklicher Stimme. Demjan machte ihm den Garaus. Mein Schuß hatte ihn am Unterkiefer verwundet und ihm einen Zahn herausgeschlagen.

Dieser Bär war sehr groß und hatte ein schönes, schwarzes Fell.

Ich ließ es ausstopfen, und der Balg liegt bei mir in der Stube. Die Wunden an meiner Stirn sind verheilt und haben nur ganz schwache Spuren hinterlassen.

Der Gefangene im Kaukasus

I

Im Kaukasus diente ein Herr als Offizier. Er hieß Schilin.

Einmal bekam er einen Brief von daheim. Seine alte Mutter schrieb ihm: „Ich bin schon alt und möchte vor dem Tode meinen geliebten Sohn sehen. Komm, um von mir Abschied zu nehmen, beerdige mich und kehre dann mit Gott in Deinen Dienst zurück! Ich habe aber eine Braut für Dich ausgesucht: sie ist klug und hübsch und besitzt ein Gut. Wenn sie Dir gefällt, heiratest Du sie vielleicht und bleibst ganz hier."

Schilin wurde nachdenklich. Die Alte war schon in der Tat gebrechlich; vielleicht sieht er sie nicht wieder. Er kann ja hinfahren, und wenn die Braut hübsch ist, auch heiraten.

Er ging zum Oberst, nahm Urlaub, verabschiedete sich von den Kameraden, spendierte den Soldaten zum Abschied vier Eimer Branntwein und machte sich auf die Reise.

Im Kaukasus war damals Krieg. Die Straßen waren am Tage wie bei Nacht nicht passierbar. Wenn ein Russe zu Fuß oder zu Pferde aus der Festung kam, brachten ihn die Tataren um oder entführten ihn in die Berge. Darum bestand der Brauch, daß zweimal in der Woche von einer Festung zur anderen Begleitmannschaften gingen. Vorne und hinten gingen die Soldaten und in der Mitte die anderen Leute.

Die Sache war im Sommer. Bei Sonnenaufgang versammelten sich die Fuhren vor der Festung, die Begleitsoldaten kamen heraus, und man machte sich auf den Weg. Schilin saß im Sattel, ein Wagen mit seinen Sachen zog mit den anderen Fuhren.

Man hatte fünfundzwanzig Werst zu fahren. Der Zug bewegte sich langsam: bald machten die Soldaten halt, bald sprang ein Rad von einer der Fuhren oder ein Pferd blieb stehen, und alle hielten und warteten.

Die Sonne ist schon über den Mittag hinüber, aber der Zug hat erst die Hälfte des Weges zurückgelegt. Staub und Hitze, die Sonne brennt nur so, und man kann nirgends Schutz finden. Nackte Steppe: kein Baum, kein Strauch am Wege.

Schilin ritt etwas voraus, machte halt und wartete, bis der Zug näher kam. Er hört, wie hinter ihm ein Hornsignal gegeben wird: alles machte wieder halt. Da denkt sich Schilin: „Soll ich nicht allein, ohne die Soldaten vorausreiten? Das Pferd unter mir ist gut, und wenn ich auf die Tataren stoße, sprenge ich davon. Oder soll ich lieber nicht vorausreiten?"

Er hält und überlegt sich. Da reitet zu ihm ein anderer Offizier, namens Kostylin, mit einem Gewehr heran und sagt:

„Schilin, laß uns allein reiten! Ich halte es nicht länger aus, ich möchte essen, und dann diese Hitze! Mein Hemd kann man einfach auswringen."

Kostylin ist aber ein schwerer, dicker Mann, ganz rot, und der Schweiß rinnt ihm nur so herunter. Schilin überlegt sich und sagt:

„Ist dein Gewehr geladen?"

„Ja, es ist geladen."

„Dann laß uns reiten, aber eine Bedingung: daß wir uns nicht trennen."

Und so ritten sie voraus. Sie reiten durch die Steppe, sprechen miteinander und blicken immer nach beiden Seiten. Ringsherum kann man weit sehen.

Kaum ist die Steppe zu Ende, so läuft die Straße zwischen zwei Bergen in eine Schlucht. Und Schilin sagt:

„Man muß den Berg hinaufreiten und nachschauen, sonst kommen sie vielleicht, eh man es sich versieht, hinter den Bergen hervor."

Kostylin aber sagt:

„Was gibt's da nachzuschauen? Laß uns weiterreiten!"

Schilin hört auf ihn nicht.

„Nein," sagte er, „wart' du unten, und ich werde nur einen Blick von oben werfen."

Und er lenkte sein Pferd nach links den Berg hinauf. Schilin hatte ein gutes Liebhaberpferd (er hatte dafür, als es noch ein Füllen war, hundert Rubel im Gestüt bezahlt und es selbst zugeritten); wie auf Flügeln trug es ihn den steilen Abhang hinauf. Kaum war er oben, siehe da: dicht vor seiner Nase halten auf dem Raume von einer Deßjatine an die dreißig berittene Tataren. Als er sie sah, wollte er umkehren; aber auch die Tataren sahen ihn: sie setzten ihm nach und holten im Reiten die Flinten aus den Futteralen. Schilin läßt sein Pferd, so schnell es kann, den Abhang hinunterlaufen und ruft Kostylin zu:

„Hol' dein Gewehr heraus!“ Dabei spricht er bei sich zu seinem Pferd: „Mütterchen, rette mich, stolpere nicht; wenn du stolperst, bin ich verloren. Daß ich nur ein Gewehr in die Hand bekomme, aber ihnen ergebe ich mich auf keinen Fall.“

Wie Kostylin aber die Tataren erblickt, sprengt er, statt zu warten, so schnell er kann, zur Festung zurück. Er schlägt sein Pferd mit der Peitsche bald auf die eine, bald auf die andere Flanke. Im Staube sieht man nur, wie das Pferd den Schweif bewegt.

Schilin merkt, daß die Sache schlecht steht. Das Gewehr ist weg, mit dem Säbel allein ist da nichts zu wollen. Er lenkt sein Pferd zurück zu den Soldaten und hofft, entkommen zu können. Da sieht er: sechs Mann wollen ihm den Weg abschneiden. Er hat ein gutes Pferd unter sich, die anderen haben aber noch bessere Pferde und reiten ihm gerade in die Quere. Er will den schnellen Lauf seines Pferdes hemmen und es umwenden, aber das Pferd ist so ins Laufen gekommen, daß man es nicht mehr aufhalten kann, und rennt direkt auf die Tataren zu. Er sieht, wie ein Tatar mit rotem Bart auf grauem Pferde auf ihn losreitet. Er schreit mit gellender Stimme, fletscht die Zähne und hält das Gewehr bereit.

„Na,“ denkt sich Schilin, „ich kenne euch Teufel: wenn sie mich lebendig fangen, werfen sie mich in eine Grube und knuten mich. Lebendig ergebe ich mich nicht . . .“

Schilin war zwar nicht groß gewachsen, aber tapfer. Er zog den Säbel, ritt direkt auf den rotbärtigen Tataren los und dachte sich dabei: „Entweder reite ich ihn nieder oder schlage ihn mit dem Säbel aus dem Sattel.“

Schilin war aber noch nicht auf eine Pferdelänge herangeritten, als man von hinten auf ihn schoß und sein Pferd traf. Das Pferd stürzte im vollen Laufe zu Boden und fiel auf Schilins Bein.

Er will aufstehen, aber da sitzen schon zwei stinkende Tataren auf ihm und binden ihm die Hände auf den Rücken. Er nahm seine ganze Kraft zusammen und warf die Tataren von sich, aber da sprangen drei andere von den Pferden auf ihn los und fingen an, ihn mit den Kolben auf den Kopf zu schlagen. Es wurde ihm finster vor den Augen, und er taumelte. Die Tataren packten ihn, nahmen von ihren Sätteln die Ersatzgurte, banden ihm die Hände im Rücken, machten einen Tatarenknoten und schleppten ihn zu einem der Pferde. Sie schlugen ihm die Mütze vom Kopfe, zogen ihm die Stiefel aus, durchsuchten ihn, nahmen ihm Geld und Uhr ab und zerrissen seine ganze Kleidung. Schilin sah sich nach seinem Pferde um. Das arme Tier liegt, wie es hingefallen ist, auf der Flanke, schlägt mit den Beinen aus, erreicht aber die Erde nicht; im Kopfe hat es ein Loch, und aus dem Loche saust schwarzes Blut hervor, einen Arschin weit ist der Staub vom Blute benetzt.

Ein Tatare geht an das Pferd heran und fängt an, ihm den Sattel abzunehmen, – es schlägt noch immer um sich; er zieht den Dolch und durchschneidet ihm die Kehle. Aus der Kehle pfeift es, das Tier zuckt, und seine Seele fliegt davon.

Die Tataren nahmen den Sattel und das Saumzeug ab. Der Tatare mit dem roten Bart stieg aufs Pferd, die anderen hoben Schilin zu ihm in den Sattel, banden ihn, damit er nicht herunterfalle, mit einem Riemen an den Gürtel des Tataren fest und ritten mit ihm in die Berge.

So sitzt Schilin hinter dem Tataren, schwankt hin und her und stößt mit dem Gesicht gegen den stinkenden Tatarenrücken. Er sieht vor sich nur den kräftigen Tatarenrücken, den sehnigen Hals und den rasierten Nacken, der unter der Mütze bläulich hervorlugt. Schilins Kopf ist wundgeschlagen, über den Augen ist ihm das Blut geronnen. Und er kann sich weder auf dem Pferde zurechtsetzen, noch das Blut abwischen. Seine Hände sind so fest gebunden, daß ihm sogar das Schlüsselbein wehtut.

So ritten sie lange von Berg zu Berg, durchwateten einen Fluß, kamen auf einen neuen Weg und ritten in einen Hohlweg.

Schilin wollte sich den Weg merken, den sie mit ihm ritten, aber seine Augen waren mit Blut verklebt, und er konnte sich nach keiner Seite wenden.

Es dämmerte; man durchwatete einen zweiten Fluß, stieg einen felsigen Berg hinauf; es roch nach Rauch, und man hörte Hundegebell. Sie kamen ins Dorf. Die Tataren stiegen von den Pferden, die Tatarenkinder versammelten sich, umringten Schilin, kreischten und freuten sich und begannen auf ihn mit Steinen zu werfen.

Der Tatare trieb die Kinder fort, hob Schilin aus dem Sattel und rief einen Knecht. Ein Nogajer mit derben Backenknochen, im bloßen Hemde kam heran. Das Hemd war zerfetzt, die ganze Brust nackt. Der Tatare gab ihm einen Befehl. Der Knecht brachte einen Block: zwei mit Eisenringen zusammengehaltene Eichenklötze mit einer Klammer und einem Schloß in einem der Ringe.

Man band Schilin die Hände los, legte ihm den Block an, führte ihn zu einem Schuppen, stieß ihn hinein und verschloß die Tür. Schilin fiel auf Mist; nachdem er eine Zeitlang gelegen hatte, tastete er im Dunkeln, wo es Weicher war, und legte sich hin.

II

Schilin schlief fast die ganze Nacht nicht. Die Nächte waren kurz. Er sah, wie es in einer Ritze hell wurde. Schilin stand auf, stocherte in der Ritze herum, bis sie breiter wurde, und sah hinaus.

Er sieht durch die Ritze die Straße, die bergab geht, rechts eine Tatarenhütte und neben ihr zwei Bäume. An der Schwelle liegt ein schwarzer Hund, eine Ziege geht mit ihren Zicklein herum, und diese zucken mit den Schwänzchen. Er sieht, den Berg hinauf kommt eine junge Tatarin gegangen, im bunten Hemde ohne Gürtel, in Beinkleidern und Schaftstiefeln, der Kopf ist mit einem Kaftan bedeckt, und auf dem Kopfe trägt sie einen großen Blechkrug mit Wasser. So kommt sie daher, zuckt mit dem Rücken, bückt sich und führt an der Hand einen kleinen Tatarenjungen mit rasiertem Schädel, im bloßen Hemd. Die Tatarin geht mit dem Wasser in die Hütte, und aus der Hütte kommt der gestrige Tatare mit dem roten Bart, im seidenen Halbrock, mit einem silbernen Dolch am Riemen und Schuhen auf den bloßen Füßen. Auf dem Kopfe hat er eine hohe, schwarze Lammfellmütze, die ist in den Nacken geschoben. Er kommt heraus, reckt sich und streicht seinen roten Bart. So steht er eine Weile da, gibt dem Knecht irgendeinen Befehl und geht wieder weg.

Später ritten zwei Jungen die Pferde zur Tränke. Die Pferde schnaubten mit nassen Nüstern. Dann kamen noch andere Jungen mit rasierten Schädeln, in bloßen Hemden, ohne Hosen gelaufen, versammelten sich in einem Haufen, gingen zum Schuppen, nahmen eine lange Rute und steckten sie in die Ritze. Schilin schrie sie an; die Jungen kreischten auf und rannten davon, so daß die nackten Kniee nur so funkelten.

Schilin will aber trinken, seine Kehle ist ausgetrocknet; er denkt: wenn doch bloß jemand nach mir schauen wollte. Da hört er, wie man den Schuppen aufschließt. Es kommt der rote Tatare und mit ihm ein anderer, kleinerer, schwärzlicher. Die schwarzen Augen leuchten, die Wangen sind rot, das Bärtchen ist kurz geschoren, das Gesicht ist lustig, er lacht immerzu. Der Schwärzliche ist noch besser gekleidet: er hat einen Halbrock aus blauer Seide mit Tressen an; im Gürtel steckt ein langer, silberner Dolch; die roten Saffianschuhe sind gleichfalls mit Silber bestickt. Über den leichten Schuhen trägt er andere, dicke. Die Mütze ist hoch, aus weißem Lammfell.

Der rote Tatare tritt ein, sagt etwas, als ob er schimpfe, und bleibt stehen; er lehnt sich gegen den Türbalken, bewegt den Dolch und blickt Schilin böse, wie ein Wolf an. Der Schwärzliche ist aber schnell und lebhaft und bewegt sich wie auf Sprungfedern; er geht direkt auf Schilin zu, hockt sich hin, zeigt die Zähne, klopft ihn auf die Schulter und beginnt schnell in seiner Sprache zu schwatzen; dabei zwinkert er mit den Augen, schnalzt mit der Zunge und sagt immerfort: „Gut, Ruß, gut, Ruß!“

Schilin versteht nichts und sagt: „Trinken, gebt mir Wasser zu trinken.“

Der Schwärzliche lacht: „Gut, Ruß!“, und schwatzt in seiner Sprache weiter.

Schilin zeigt mit den Lippen und den Händen, daß man ihm doch etwas zu trinken gebe.

Der Schwärzliche versteht es, lacht, blickt zur Türe hinaus und ruft jemand zu: „Dina!“

Da kommt ein schlankes, schmächtiges Mädchen von etwa dreizehn Jahren gelaufen; im Gesicht hat sie Ähnlichkeit mit dem Schwärzlichen. Ist wohl seine Tochter. Hat auch schwarze, glänzende Augen und ein hübsches Gesicht. Trägt ein langes, blaues Hemd mit weiten Ärmeln, ohne Gürtel. An den Schößen, auf der Brust und an den Ärmeln ist das Hemd rot benäht. Hat Beinkleider und leichte Schuhe an und über den Schuhen andere mit hohen Absätzen; am Halse trägt sie eine Kette aus lauter russischen Fünfzigkopekenstücken. Der Kopf ist bloß, im schwarzen Zopfe ist ein Band, und am Bande hängen Blechplättchen und ein Silberrubel.

Der Vater gab ihr einen Befehl. Sie lief davon, kam wieder und brachte einen kleinen Blechkrug. Sie reichte ihm das Wasser, hockte sich hin und beugte sich so weit vor, daß die Schultern tiefer als die Kniee standen. So sitzt sie da, hat die Augen weit geöffnet und blickt Schilin, während er trinkt, an, als wäre er ein wildes Tier.

Schilin gab ihr den Krug zurück. Wie ein Reh sprang sie auf. Selbst der Vater lachte. Er schickte sie noch irgendwohin. Sie lief mit dem Krug davon, brachte auf einem runden Brettchen ungesäuertes Brot, setzte sich wieder hin, beugte sich vor und sah ihn wieder an, ohne einen Blick von ihm zu wenden.

Die Tataren gingen fort und schlossen die Türe wieder zu.

Etwas später kommt zu Schilin der Nogajer und sagt:

„Heda, Herr, Heda!“

Auch er kann kein Russisch. Schilin versteht nur, daß er ihm folgen soll.

So geht Schilin mit dem Block, hinkt, kann nicht auftreten und muß den Fuß immer seitwärts drehen. Er geht dem Nogajer nach. Er sieht ein tatarisches Dorf, etwa zehn Häuser und eine Tatarenkirche mit einem Türmchen. Vor einem der Häuser stehen drei gesattelte Pferde. Jungen halten sie am Zaume. Aus diesem Hause sprang der schwärzliche Tatare heraus und winkte mit der Hand, daß Schilin zu ihm kommen solle. Dabei lachte er, redete immer in seiner Sprache und trat wieder in die Türe. Schilin kam ins Haus. Eine hübsche Stube, die Wände glatt mit Lehm bestrichen. An der Vorderwand liegen bunte Polster, an den Seiten hängen kostbare Teppiche; auf den Teppichen Gewehre, Pistolen und Säbel, alle mit Silber verziert. An der einen Wand steht ein niederer Ofen, in gleicher Höhe mit dem Boden. Der irdene Boden ist sauber wie ein Dreschboden, und die ganze vordere Ecke ist mit Filzdecken belegt; auf den Filzdecken liegen Teppiche und auf den Teppichen Daunenpolster. Auf den Teppichen sitzen in bloßen Schuhen Tataren: der Schwärzliche, der Rote und drei Gäste. Im Rücken haben sie alle Daunenpolster und vor sich auf einem runden Brette Pfannkuchen aus Hirsenmehl, zerlassene Butter in einem Napf und tatarisches Bier – Busa – in einem Kruge. Sie essen mit den Händen, und die Hände triefen von Butter.

Der Schwärzliche sprang auf und hieß Schilin auf die Seite niedersetzen, nicht auf den Teppich, sondern auf den bloßen Boden; dann setzte er sich wieder auf den Teppich und bewirtete die Gäste mit den Pfannkuchen und der Busa. Der Knecht setzte Schilin auf den befohlenen Platz, zog die Überschuhe aus, stellte sie an die Türe zu den übrigen und setzte sich auf die Filzdecke näher zu den Herren: er sah zu, wie sie aßen, und das Wasser lief ihm im Munde zusammen.

Als die Tataren die Pfannkuchen gegessen hatten, kam eine Tatarin in ähnlichem Hemd wie das Mädel und in Beinkleidern, den Kopf mit einem Tuche bedeckt. Sie trug die Butter und die Pfannkuchen weg und reichte ein hübsches Becken und einen Krug mit schmalem Schnabel. Die Tataren fingen an, sich die Hände zu waschen, dann falteten sie die Hände, knieten nieder, pusteten nach allen Seiten und sprachen Gebete. Dann redeten sie wieder eine Weile in ihrer Sprache. Dann wandte sich einer von den Tataren, die zu Gast waren, an Schilin und fing an, Russisch zu reden.

„Dich hat," sagt er, „Kasi-Mohammed gefangen genommen," – dabei zeigt er auf den roten Tataren, – „und hat dich dem Abdul-Murat gegeben," – dabei zeigte er auf den Schwärzlichen. „Abdul-Murat ist jetzt dein Herr."

Schilin schweigt. Nun fängt Abdul-Murat zu reden an; er zeigt immer auf Schilin, lacht und sagt: „Soldat Ruß, gut Ruß!" Der Dolmetsch sagt: „Er befiehlt dir, einen Brief nach Hause zu schreiben, damit man für dich Lösegeld schickt. Sobald man das Geld schickt, läßt er dich frei."

Schilin überlegt sich und fragt:

„Wieviel Lösegeld will er haben?"

Die Tataren sprachen miteinander, und der Dolmetsch sagte: „Dreitausend Münzen."

„Nein," sagte Schilin, „das kann ich nicht bezahlen."

Abdul sprang auf, begann mit den Händen zu fuchteln und etwas zu Schilin zu sagen: er glaubte immer, daß er ihn verstehen würde. Der Dolmetsch übersetzte es: „Wieviel willst du denn geben?" Schilin dachte nach und sagte: „Fünfhundert Rubel." Nun begannen die Tataren sehr schnell und alle auf einmal zu reden. Abdul schrie den Roten an und überstürzte sich so, daß ihm der Speichel aus dem Munde spritzte.

Der Rote kniff nur die Augen zusammen und schnalzte mit der Zunge.

Sie verstummten, und der Dolmetsch sagte:

„Dem Herrn sind fünfhundert Rubel Lösegeld zu wenig. Er hat für dich selbst zweihundert Rubel bezahlt. Kasi-Mohammed schuldete ihm Geld. Er hat dich für die Schuld genommen. Dreitausend Rubel, für weniger kann man dich nicht freilassen. Und schreibst du nicht, so setzt man dich in eine Grube und schlägt dich mit einer Knute."

– Ach, – denkt Schilin, – wenn man ihnen seine Angst zeigt, so geht es noch schlimmer! –

Er sprang auf die Beine und sagte:

„Sag' ihm, dem Hund, daß, wenn er mir angst machen will, ich ihm keine Kopeke gebe und auch nicht schreibe. Ich habe euch Hunde nie gefürchtet und werde euch nie fürchten!"

Der Dolmetsch übersetzte es, und sie fingen wieder alle auf einmal zu reden an.

Lang schwatzten sie so, dann sprang der Schwarze auf und trat zu Schilin.

„Ruß," sagte er „Dschigit! Dschigit Ruß!"

Dschigit heißt in ihrer Sprache „kühner Bursche". Dabei lachte er; er sagte etwas dem Dolmetsch, und der Dolmetsch übersetzte:

„Gib tausend Rubel!"

Schilin versteift sich: „Mehr als fünfhundert Rubel gebe ich nicht. Und wenn ihr mich tötet, kriegt ihr gar nichts."

Die Tataren sprachen durcheinander, schickten den Knecht irgendwohin und blickten abwechselnd auf Schilin und auf die Tür. Der Knecht kam zurück, und ihm folgte ein dicker, barfüßiger, zerlumpter Mann, gleichfalls mit einem Block am Fuß.

Schilin schrie förmlich auf, als er Kostylin erkannte. Auch ihn hatte man gefangen. Man setzte sie nebeneinander; sie fingen an, einander alles zu erzählen, und die Tataren hörten schweigend zu. Schilin erzählte, was er erlebt hatte, und Kostylin erzählte, daß sein Pferd nicht mehr laufen wollte, daß sein Gewehr versagt hatte und daß dieser selbe Abdul ihn eingeholt und gefangen genommen hatte.

Abdul sprang auf, zeigte auf Kostylin und sagte etwas. Der Dolmetsch übersetzte, daß sie nun beide dem gleichen Herrn gehörten und daß man den, der das Lösegeld zuerst bezahlte, auch zuerst freilassen würde.

„Siehst du," sagt er zu Schilin, „du schimpfst immer, aber dein Kamerad ist friedlich: er hat einen Brief nach Hause geschrieben, und man wird fünftausend Münzen schicken. Ihm wird man gutes Essen geben und kein Haar krümmen."

Schilin sagt:

„Mein Kamerad mag tun, was er will: er ist vielleicht reich, aber ich bin nicht reich. Wie ich gesagt habe," sagt er, „so wird es auch sein. Wenn ihr wollt, tötet mich nur! Nutzen werdet ihr davon nicht haben, aber mehr als fünfhundert Rubel schreibe ich nicht."

Sie schwiegen eine Weile. Plötzlich sprang Abdul auf, holte ein Köfferchen, nahm eine Feder, ein Blatt Papier und Tinte heraus, schob es Schilin hin, klopfte ihn auf die Schulter und deutete ihm: „Schreib!" Er war mit den fünfhundert Rubeln einverstanden.

„Wart'," sagte Schilin zum Dolmetsch, „sage ihm, er soll uns gutes Essen, ordentliche Kleidung und Schuhwerk geben; er soll uns zusammenhalten, damit wir es lustiger haben, auch soll er uns die Blöcke abnehmen." Dabei sieht er den Herrn an und lacht. Auch der Herr lacht. Er hört ihn an und sagt:

„Ich gebe ihnen die allerbeste Kleidung, Tscherkessenröcke und Stiefel, so daß sie gleich zur Hochzeit gehen können. Ernähren werde ich sie wie die Fürsten. Und wenn sie zusammenbleiben wollen, so sollen sie nur im Schuppen leben. Den Block kann ich aber nicht abnehmen, sonst laufen sie mir davon. Nur für die Nacht werde ich ihn abnehmen." Er sprang herzu, klopfte Schilin auf die Schulter und sagte: „Du gut, ich gut!"

Schilin schrieb einen Brief, schrieb aber die Adresse falsch, damit er nicht ankomme. Er dachte bei sich: Ich will fliehen.

Man führte Schilin und Kostylin in den Schuppen, brachte ihnen Maisstroh, Wasser in einem Kruge, Brot, zwei alte Tscherkessenröcke und abgetragene Soldatenstiefel. Die hatte man wohl erschlagenen Soldaten von den Füßen gezogen. Für die Nacht wurden sie von den Blöcken befreit und in den Schuppen gesperrt.

III

So lebte Schilin mit seinem Kameraden einen ganzen Monat. Der Herr lachte immer: „Du, Iwan, gut, – ich, Abdul, gut." Aber er gab ihnen schlechtes Essen: nichts als ungesäuerte Fladen aus Hirsemehl oder gar rohen Teig.

Kostylin schrieb noch einmal nach Hause, wartete immer, daß man das Geld schicke, und grämte sich. Tagelang saß er im Schuppen, zählte die Tage, bis ein Brief kommen konnte, oder schlief. Schilin aber wußte, daß sein Brief nicht ankommen würde, und einen andern Brief schrieb er nicht.

– Wo soll meine Mutter so viel Geld hernehmen, denkt er sich, – um für mich zu bezahlen? Sie hat ja auch so fast nur davon gelebt, was ich ihr schickte. Wenn sie fünfhundert Rubel auftreiben muß, ist es für sie ein Ruin. So Gott will, entkomme ich. –

Dabei schaut er immer aus und forscht, wie er entkommen könnte.

Er spaziert im Dorfe umher und pfeift oder sitzt da und macht irgendeine Handarbeit: entweder knetet er aus Lehm Puppen oder flicht aus Ruten Körbe. Schilin war aber in jeder Handarbeit Meister.

Einmal knetete er eine Puppe mit Nase, Händen und Füßen, mit einem Tatarenhemd angetan, und stellte sie aufs Dach. Da gingen die Tatarenweiber zum Brunnen. Die Tochter des Herrn, Dina, sah die Puppe und rief die Tatarenweiber herbei. Sie setzten ihre Krüge ab, sahen hin und lachten. Schilin nahm die Puppe herunter und reichte sie ihnen. Sie lachten, wagten aber nicht, sie anzunehmen. Er ließ ihnen die Puppe, ging in den Schuppen und wartete, was wohl kommen würde.

Dina sprang herbei, sah sich um, ergriff die Puppe und lief davon.

Am nächsten Morgen sieht er, wie Dina in aller Frühe mit der Puppe auf die Schwelle tritt. Sie hat aber die Puppe schon mit bunten Fetzen aufgeputzt, wiegt sie wie ein Kind in den Armen und singt ein Schlaflied in ihrer Sprache. Die Alte kommt heraus, schimpft, reißt ihr die Puppe aus der Hand, zerschlägt sie und schickt Dina irgendwohin fort an die Arbeit.

Nun machte Schilin eine andere, noch schönere Puppe und gab sie Dina. Dina brachte ihm einmal einen Krug, stellte ihn hin, setzte sich, sah Schilin lachend an und zeigte auf den Krug.

– Was freut sie sich so? – dachte sich Schilin. Er nahm den Krug und begann zu trinken. Er meinte, es sei Wasser, aber es war Milch. Er trank die Milch aus und sagte: „Gut!“ Da freute sich Dina.

„Gut, Iwan, gut!“ rief sie, sprang auf, klatschte in die Hände, entriß ihm den Krug und lief davon.

Von nun an brachte sie ihm jeden Tag heimlich einen Krug Milch. Die Tataren pflegen aus Ziegenmilch Käsefladen zu bereiten und sie auf den Dächern zu trocknen; sie brachte ihm heimlich auch von diesen Fladen. Und als der Herr einmal einen Hammel schlachtete, brachte sie ihm im Ärmel ein Stück Hammelfleisch, warf es ihm hin und lief davon.

Einmal war ein starkes Gewitter, und es goß eine ganze Stunde in Strömen. Alle Flüsse trübten sich. Dort, wo eine Furt war, lief jetzt das Wasser drei Arschin hoch und drehte die Steine um. Überall liefen Bäche, in den Bergen brauste es. Als das Gewitter vorbei war, flossen überall im Dorfe Bächlein. Schilin ließ sich vom Herrn ein kleines Messer geben, schnitzte eine Welle, einige Brettchen, ein Rad, versah das Rad mit Federn und brachte an jedem Ende des Rades eine Puppe an.

Die kleinen Mädchen brachten ihm einige Lappen; er bekleidete die Puppen, die eine als Mann, die andere als Frau; er befestigte sie und setzte das Rad auf einen Bach. Das Rad drehte sich, und die Puppen tanzten.

Das ganze Dorf versammelte sich: Jungen, Mädchen, Weiber und Männer kamen herbei und schnalzten mit den Zungen:

„Ei, Ruß! Ei, Iwan!“

Abdul besaß eine zerbrochene russische Uhr. Er rief Schilin herbei, zeigte sie ihm und schnalzte mit der Zunge. Schilin sagte:

„Gib sie mir, ich repariere sie.“

Er nahm die Uhr, zerlegte sie mit dem Messer, fügte die Teile wieder zusammen und gab sie dem Herrn zurück. Die Uhr ging.

Der Herr freute sich und schenkte ihm seinen alten, zerfetzten Kaftan. Nichts zu machen, Schilin nahm das Geschenk an: um sich nachts zuzudecken, war der Kaftan gut genug.

Von nun an wurde Schilin als Meister berühmt. Die Leute fingen an, aus den entfernten Dörfern zu ihm zu kommen: der eine brachte ein Flinten- oder Pistolenschloß zur Reparatur, der andere eine Uhr. Der Herr brachte ihm einmal Werkzeuge mit: Zangen, Bohrer und eine Feile. Einmal wurde ein Tatare krank. Man kam zu Schilin: „Komm, kuriere ihn!“ Schilin hatte keine Ahnung, wie man Kranke behandelt. Er ging hin, sah den Kranken an und dachte sich: „Vielleicht wird er von selbst gesund.“ Er ging in seinen Schuppen, nahm Wasser und Sand, mischte beides, besprach vor den Augen der Tataren das Wasser und gab es dem Kranken zu trinken. Zu seinem Glück wurde der Tatare gesund. Schilin lernte allmählich ihre Sprache verstehen. Und viele Tataren gewöhnten sich an ihn und riefen ihn, wenn sie ihn brauchten, „Iwan, Iwan!“ Andere aber schielten nach ihm ängstlich wie nach einem wilden Tier.

Der rote Tatare mochte Schilin nicht leiden. Wenn er ihn ansah, machte er ein finsteres Gesicht und wandte sich ab oder schimpfte. Es war auch noch ein Alter da, der nicht im Dorfe lebte, sondern aus dem Tale zu ihnen kam. Schilin sah ihn nur, wenn er in die Moschee ging, um zu beten. Er war klein gewachsen und trug ein weißes Handtuch um seine Mütze gewickelt. Der Kinn- und Schnurrbart waren gestutzt und weiß wie Daunen, das Gesicht aber runzlig und rot wie ein Ziegelstein. Die Nase hakenförmig wie bei einem Habicht, die Augen grau und böse, im Munde aber keine Zähne, nur zwei Hauer. So ging er in seinem Turban, stützte sich auf einen Krückstock und blickte wie ein Wolf um sich. Wenn er Schilin erblickte, röchelte er und wandte sich ab.

Schilin ging einmal ins Tal, um zu sehen, wo der Alte wohnte. Er kam den Pfad hinunter und sah: ein Gärtchen mit einer steinernen Mauer;

hinter der Mauer schauen Kirschbäume, Pfirsiche und ein Häuschen mit flachem Dach hervor. Wie er näher kam, sah er Bienenkörbe aus Stroh geflochten, und die Bienen flogen umher und summten. Der Alte hockte auf den Knien und machte sich etwas am Bienenkorbe zu schaffen. Schilin richtete sich auf, um noch mehr über die Mauer zu sehen, und machte mit seinem Block Lärm. Der Alte sah sich um und kreischte auf; er zog eine Pistole aus dem Gürtel und schoß auf Schilin. Der hatte kaum Zeit, sich hinter einem Steine zu verbergen.

Der Alte ging zum Herrn, um sich zu beschweren. Der Herr ließ Schilin kommen und fragte ihn lachend:

„Warum bist du zum Alten gegangen?"

„Ich habe ihm nichts Böses getan," antwortete Schilin. „Ich wollte nur sehen, wie er lebt."

Der Herr sagte das dem Alten.

Der Alte aber wurde böse, zischte, schwatzte etwas, zeigte seine Hauer und fuchtelte gegen Schilin mit den Händen.

Schilin verstand nicht alles, er verstand nur, daß der Alte dem Herrn befahl, die Russen zu töten und sie nicht im Dorfe zu halten. Der Alte ging weg.

Schilin fragte den Herrn, was das für ein Alter sei. Und der Herr antwortete:

„Das ist ein großer Mann! Er war der erste Dschigit hier, hat viele Russen erschlagen und war reich. Er hat drei Frauen und acht Söhne gehabt. Sie lebten alle in einem Dorf. Da kamen die Russen, zerstörten das Dorf und erschlugen sieben Söhne. Ein Sohn blieb am Leben und ergab sich den Russen. Da ritt der Alte hin und ergab sich auch selbst den Russen. Er blieb bei ihnen an die drei Monate, fand dort seinen Sohn, tötete ihn und entkam. Er gab das Kriegshandwerk auf und ging nach Mekka, um zu beten. Darum trägt er diesen Turban. Wer in Mekka gewesen ist, heißt Hadschi und trägt einen Turban. Er kann deine Landsleute nicht leiden. Er befiehlt mir, dich zu töten, aber ich darf dich nicht töten, denn ich habe für dich Geld bezahlt. Ich habe dich auch liebgewonnen, Iwan; ich will dich nicht nur nicht töten, ich würde dich auch nicht freilassen, wenn ich nicht mein Wort gegeben hätte."

Er lacht und sagt auf russisch: „Du, Iwan, gut, – ich, Abdul, gut!"

IV

So lebte Schilin einen Monat. Bei Tage spazierte er im Dorfe oder machte irgendeine Handarbeit; wenn aber die Nacht kam und es im Dorfe still wurde, grub er bei sich im Schuppen. Es war schwer zu graben wegen der Steine, er bearbeitete aber die Steine mit der Feile und grub unter der Wand ein Loch, so groß, daß er hindurchkriechen konnte. „Ich müßte nur," denkt er sich, „die Gegend gut kennen lernen, damit ich weiß, nach welcher Seite ich gehen soll. Die Tataren sagen mir ja nichts."

Er wählte die Zeit, als sein Herr fortgeritten war, und ging am Nachmittag hinter das Dorf auf einen Berg, um sich von dort die Gegend anzusehen. Als der Herr das Haus verließ, befahl er seinem Jungen, Schilin auf Schritt und Tritt zu folgen und ihn nicht aus den Augen zu lassen. Der Junge läuft hinter Schilin her und schreit:

„Geh nicht! Vater will es nicht haben. Gleich rufe ich die Leute herbei!"

Schilin fing an, ihm zuzureden.

„Ich geh' nicht weit fort," sagte er ihm, „ich will nur auf jenen Berg hinauf: ich muß ein Kraut suchen, um eure Leute zu kurieren. Komm nur mit, mit dem Block kann ich ja nicht weglaufen. Morgen will ich dir aber einen Bogen und Pfeile machen."

Er überredete den Jungen, und sie gingen. Wenn man den Berg ansieht, scheint es gar nicht weit zu sein, aber mit dem Block ist es furchtbar schwer; er ging und ging und kam mit Mühe hinauf. Schilin setzte sich hin und begann die Gegend zu betrachten. Im Süden hinter dem Schuppen ist ein Hohlweg, und darin weidet eine Pferdeherde, und tiefer unten ist ein anderes Dorf zu sehen. Hinter dem Dorfe ist ein anderer Berg, noch steiler; und hinter jenem Berg wieder ein Berg. Zwischen den Bergen blaut ein Wald, und dann kommen wieder Berge, immer höher und höher erheben sie sich in den Himmel. Höher als alle ragen aber Schneeberge, so weiß wie Zucker. Ein Schneeberg überragt mit seiner Kuppe alle anderen. Im Osten und Westen erheben sich ebensolche Berge; hie und da liegen in den Schluchten Dörfer, und von ihnen steigt Rauch auf. „Nun," sagt er sich, „das ist alles Tatarenland." Er fängt an, nach der russischen Seite zu blicken; gleich zu seinen Füßen sieht er ein Flüßchen, ein Dorf und Gärten ringsherum. Am Flüßchen sitzen Weiber, so klein wie Puppen, und waschen Wäsche. Hinter dem Dorfe ragt ein etwas niedrigerer Berg und hinter diesem noch zwei mit Wald bewachsene Berge; zwischen den beiden Bergen blaut eine Ebene, und darüber zieht sich weit, weit weg etwas wie Rauch hin. Schilin besann sich, wo, als er in der Festung lebte, die Sonne auf- und unterzugehen pflegte. Er blickt hin; dort, in jenem Tale muß wirklich die Festung liegen. Dorthin, zwischen diese beiden Berge muß er zu entkommen suchen.

Die Sonne begann zu sinken. Die weißen Schneeberge röteten sich, in den schwarzen Bergen wurde es finster; aus den Schluchten stieg Dunst empor, und das Tal, in dem die russische Festung liegen mußte, erglühte im Abendrot wie im Feuer. Schilin sah genauer hin, – im Tale schwebt etwas wie Rauch aus dem Schornstein. Und er will glauben, daß da die russische Festung sei.

Es war spät geworden. Man hörte, wie der Mollah seinen Schrei vernehmen ließ. Man trieb die Herden heim, die Kühe brüllten. Der Junge ruft immer: „Komm!" Schilin will aber nicht fortgehen.

Sie kehrten heim. „Nun," sagte sich Schilin, „jetzt kenne ich die Gegend, ich muß fliehen." Er wollte schon in derselben Nacht entfliehen. Die Nächte waren dunkel, der Mond war im Abnehmen. Zu seinem Unglück kehrten abends die Tataren zurück. Oft trieben sie, wenn sie so zurückkehrten, Vieh vor sich her und waren lustig. Diesmal trieben sie aber kein Vieh und brachten einen toten Tataren, den Bruder des Roten, im Sattel mit. Sie kamen böse zurück und versammelten sich, um den Toten zu beerdigen. Auch Schilin ging hinaus, um zuzusehen. Sie wickelten den Toten in Leinen, trugen ihn ohne Sarg unter die Platanen hinter dem Dorfe und legten ihn ins Gras. Der Mollah kam; die Alten versammelten sich, banden sich Handtücher um die Mützen, zogen die Schuhe aus und hockten sich in einer Reihe vor dem Toten hin.

Vorn der Mollah, hinter ihm drei alte Männer in Turbans nebeneinander und hinter ihnen die anderen Tataren. So saßen sie da, blickten zu Boden und schwiegen. Lange schwiegen sie. Dann hob der Mollah den Kopf und sprach:

„Allah!" (das heißt Gott). Er sprach dieses eine Wort, und sie blickten wieder zu Boden und schwiegen lange; unbeweglich saßen sie da.

Wieder hob der Mollah den Kopf.

„Allah!" Und alle sagten: „Allah!" und verstummten wieder. Der Tote lag im Grase und rührte sich nicht, und auch sie saßen wie tot da. Keiner rührte sich. Man hörte nur, wie die Blätter der Platanen sich im Winde bewegten. Dann sprach der Mollah ein Gebet, alle erhoben sich, hoben den Toten auf die Arme und trugen ihn fort. Sie brachten ihn zur Grube; die Grube war nicht einfach geschaufelt, sondern ging seitwärts wie ein Keller. Sie nahmen den Toten unter die Achseln und unter die Kniee, knickten ihn ein, ließen ihn langsam hinab, schoben ihn sitzend unter die Erde und legten ihm die Hände auf dem Magen zusammen.

Der Nogajer schleppte grünes Schilf herbei, sie füllten die Grube mit Schilf, schütteten sie schnell mit Erde zu, ebneten sie und stellten dem Toten zu Häupten senkrecht einen Stein auf. Sie stampften die Erde fest und setzten sich wieder in einer Reihe vor dem Grabe hin. Lange schwiegen sie.

„Allah, Allah!" Sie seufzten und standen auf.

Der Rote gab den alten Männern Geld, stand dann auf, nahm eine Peitsche, schlug sich dreimal auf die Stirn und ging heim.

Am anderen Morgen sah Schilin, wie der Rote eine Stute vors Dorf führte, drei andere Tataren gingen ihm nach. Sie kamen vors Dorf, der Rote nahm seinen Rock ab, krempelte die Ärmel hinauf, – so kräftige Arme hatte er! – zog den Dolch und schärfte ihn an einem Schleifstein; die Tataren bogen der Stute den Kopf zurück, der Rote kam heran, schnitt ihr die Kehle durch, warf die Stute um und begann ihr mit den mächtigen Fäusten die Haut abzuziehen. Die Weiber und die Mädchen kamen herbei und fingen an, die Därme und Eingeweide zu waschen. Dann zerhieben sie die Stute in Stücke und schleppten diese ins Haus. Und das ganze Dorf versammelte sich beim Roten, um das Totenmahl zu halten.

Drei Tage aßen sie das Stutenfleisch, tranken Busa und ehrten so das Gedächtnis des Toten. Alle Tataren blieben im Dorfe. Am vierten Tage sah Schilin, wie sie sich um die Mittagsstunde bereitmachten, um fortzureiten. Man brachte Pferde herbei, schirrte sie, und an die zehn Mann ritten davon, auch der Rote war unter ihnen; nur Abdul allein blieb zu Hause. Es war Neumond, und die Nächte waren noch finster.

„Nun," denkt sich Schilin, „heute müssen wir fliehen." Und er sagt das zu Kostylin. Kostylin aber hat Angst.

„Wie sollen wir fliehen? Wir kennen ja keinen Weg."

„Ich kenne den Weg."

„In einer Nacht kommen wir ja nicht hin."

„Wenn wir nicht hinkommen, so übernachten wir im Walde. Ich habe mir einen Vorrat von Fladen gemacht. Was willst du noch bleiben? Wenn du Glück hast, schickt man das Geld; aber es ist auch möglich, daß man es nicht auftreibt. Die Tataren sind jetzt aber wütend, weil die Russen einen von den Ihrigen getötet haben. Man sagt, sie wollen uns töten."

Kostylin dachte nach.

„Also gut, gehen wir!"

V

Schilin kroch ins Loch und erweiterte es, damit auch Kostylin hindurchkriechen könne; dann setzten sie sich und warteten, bis im Dorfe alles still wurde.

Kaum waren die Menschen im Dorfe still geworden, so kroch Schilin unter die Wand und kam heraus. Dann flüsterte er Kostylin zu: „Kriech!" Nun kroch auch Kostylin durchs Loch, streifte aber mit dem Fuß einen

Stein, und das gab einen Lärm. Der Herr hatte aber einen bunten, sehr bissigen Wachhund; er hieß Uljaschin. Schilin hatte ihm schon vorher oft zu essen gegeben und ihn so an sich gewöhnt. Als Uljaschin das Geräusch hörte, fing er an zu bellen und sprang auf sie los, und hinter ihm die anderen Hunde. Schilin pfiff leise und warf ein Stück Fladen hin, – Uljaschin erkannte ihn, wedelte mit dem Schwanz und hörte auf zu bellen.

Als der Herr es hörte, schrie er dem Hund aus der Hütte zu: „Faß, faß, Uljaschin!“

Schilin kraut aber Uljaschin hinter den Ohren. Der Hund schweigt, reibt sich an seinen Füßen und wedelt mit dem Schwanz.

Sie blieben eine Weile hinter der Ecke sitzen. Alles wurde still, man hörte nur, wie ein Schaf im Stalle hustete und wie unten das Wasser über die Steine rauschte. Es war dunkel, die Sterne standen hoch am Himmel; über dem Berge leuchtete rot der Mond auf und ging, die Hörner nach oben gerichtet, unter. In den Schluchten schimmerte der Nebel weiß wie Milch.

Schilin stand auf und sagte zu seinem Kameraden: „Nun, Bruder, los!“

Sie machten sich auf den Weg; kaum waren sie eine kurze Strecke gegangen, als der Mollah auf dem Dache zu singen anfing: „Allah Besmilla! Ilrachman!“ Das bedeutete, daß die Leute zur Moschee gehen würden. Sie setzten sich wieder hinter eine Wand. Lange saßen sie da und warteten, bis die Leute vorüber waren. Wieder wurde alles still.

„Nun, mit Gott!“ Sie bekreuzigten sich und machten sich auf den Weg. Sie gingen über den Hof, den steilen Abhang zum Fluß hinab, durchwateten den Fluß und zogen durch die Schlucht weiter. Der Nebel war zwar dicht, lag aber tief unten, über dem Kopfe konnten sie aber die Sterne sehen. Schilin richtete sich nach den Sternen. Im Nebel war es kühl, es war leicht zu gehen; nur die Stiefel machten ihnen Beschwerde, denn sie waren schief getreten. Schilin zog die seinen aus, warf sie fort und ging barfuß weiter. Er springt von Stein zu Stein und blickt nach den Sternen. Kostylin kann nicht mit ihm Schritt halten.

„Geh langsamer," sagt er, „die verfluchten Stiefel haben mir die Füße wundgerieben."

„Zieh sie doch aus, dann wird es leichter gehen."

Nun ging Kostylin barfuß, aber das war noch schlimmer: er zerschnitt sich die Füße an den Steinen und blieb wieder zurück. Schilin sagte ihm:

„Wenn du dir die Füße zerschindest, heilen sie einmal. Wenn man uns aber einholt, schlägt man uns tot, und das ist noch schlimmer."

Kostylin sagte nichts und ging ächzend weiter. Lange gingen sie durchs Tal. Da hörten sie rechts Hundegebell. Schilin blieb stehen, sah sich um und tastete sich mit den Händen einen Hügel hinauf.

„Ach!" sagte er, „wir haben uns verirrt, sind zu weit nach rechts abgekommen. Da ist ein fremdes Dorf, ich habe es vom Berge gesehen; wir müssen zurück und nach links den Berg hinauf. Hier muß auch ein Wald sein."

Kostylin aber sagte:

„Wart' noch ein Weilchen, laß mich ausschnaufen, meine Füße sind ganz blutig."

„Ach, Bruder, die heilen schon; versuch' doch, leichter zu springen! Siehst du, so!"

Und Schilin lief zurück, links in den Wald hinauf.

Kostylin bleibt immer zurück und ächzt. Schilin schreit ihn an und geht immer weiter.

Sie stiegen den Berg hinauf. Da war wirklich Wald. Sie traten in den Wald und zerrissen sich an den Dornen ihre letzten Kleidungsstücke. Dann fanden sie im Walde einen Fußweg. So gehen sie vorwärts.

„Halt!" Auf dem Wege stampften Hufe. Sie blieben stehen und horchten. Es stampfte wie ein Pferd und blieb stehen. Als sie aber einen Schritt machten, fing es wieder zu stampfen an. Wenn sie stehen blieben, blieb es auch stehen. Schilin kroch näher heran und sah auf die Straße, wo es heller war. Da steht etwas: ein Pferd ist es wohl nicht, und wenn es ein

Pferd ist, so ist das, was darauf sitzt, jedenfalls kein Mensch. Er hört, wie es schnaubt. „Ein Wunder!" Schilin pfiff leise; im Nu rannte es vom Wege in den Wald und sauste durchs Dickicht wie ein Unwetter, alle Zweige zerbrechend.

Kostylin fiel vor Angst beinahe um. Schilin aber lachte und sagte:

„Das war ein Hirsch. Hörst du, wie er mit dem Geweih die Bäume zerbricht? Wir fürchten ihn, und er fürchtet uns."

Sie gingen weiter. Der Kleine Wagen begann sich schon zu senken, bis zum Morgen war es nicht mehr weit. Ob sie aber den richtigen Weg gingen oder nicht, das wußten sie nicht. Es kam Schilin vor, als hätte man ihn auf diesem selben Wege hergebracht und als hätte er bis zu den Seinigen nur an die zehn Werst zu gehen, aber sichere Kennzeichen hatte er nicht, und bei Nacht war nichts zu unterscheiden. Sie kamen auf eine Lichtung. Kostylin setzte sich und sagte:

„Tu, was du willst, ich komme aber nicht hin: meine Füße gehen nicht weiter."

Schilin bemühte sich, ihn zu überreden.

„Nein," sagte jener, „ich komme nicht hin, ich kann nicht."

Schilin wurde böse, spie aus und schimpfte.

„Dann geh' ich allein. Leb' wohl!"

Kostylin sprang auf und ging weiter. Sie machten noch an die vier Werst. Der Nebel im Walde war noch dichter geworden; sie konnten nichts mehr vor sich sehen, auch die Sterne waren kaum zu unterscheiden.

Plötzlich ertönt vorne Pferdegetrabe. Sie hören, wie die Hufeisen die Steine streifen. Schilin legt sich auf den Bauch, drückt ein Ohr an den Boden und beginnt zu horchen.

„Ja, es stimmt, jemand reitet auf uns zu!"

Sie liefen vom Wege weg, setzten sich in die Büsche und begannen zu warten. Schilin kroch an den Weg und sah: ein Tatare reitet, treibt eine

Kuh vor sich her und summt etwas. Als der Tatare vorbei war, kehrte Schilin zu Kostylin zurück.

„Nun, Gott war uns gnädig. Steh auf, laß uns gehen!"

Kostylin versuchte aufzustehen und fiel hin.

„Ich kann nicht, bei Gott, ich kann nicht. Meine Kraft ist zu Ende."

Er war ein schwerer, dicker Mensch und in Schweiß gebadet; da ihn im Walde der kalte Nebel umfangen hatte und seine Füße zerschunden waren, kam er ganz aus dem Leim. Schilin begann ihn mit Gewalt aufzurichten. Da schrie aber Kostylin:

„Ach, es tut weh!"

Schilin war starr.

„Was schreist du? Der Tatare ist ja in der Nähe und kann uns hören." Dabei denkt er sich: – Er ist wirklich ganz schwach geworden; was fange ich mit ihm an? Ich kann doch den Kameraden nicht im Stich lassen. –

„Nun," sagt er, „steh auf, setz' dich mir auf den Rücken, ich will dich tragen, wenn du nicht mehr gehen kannst."

Er lud sich Kostylin auf den Rücken, faßte ihn mit den Händen unter die Schenkel, ging auf den Weg und schleppte ihn.

„Würge mich nur nicht an der Kehle," sagt er, „um Christi willen! Halte mich an den Schultern!"

Schilin hat es schwer; auch seine Füße sind blutig, und er ist ganz ermattet. Ab und zu bückt er sich, wirft Kostylin empor, damit er höher auf ihm sitze, und schleppt ihn auf dem Wege weiter.

Der Tatare hatte wohl Kostylins Schrei gehört. Da hört Schilin, wie jemand hinter ihm reitet und in tatarischer Sprache ruft. Schilin stürzte sich in die Büsche. Der Tatare nahm sein Gewehr, schoß, traf aber nicht, kreischte in seiner Sprache auf und sprengte auf dem Wege davon.

„Nun sind wir verloren, Bruder!" sagt Schilin. „Der Hund wird gleich alle Tataren zusammenrufen, um uns nachzusetzen. Wenn wir nicht drei

Werst weiterkommen, sind wir verloren." Von Kostylin denkt er sich aber: – Was hat mich auch der Teufel verführt, diesen Klotz mitzunehmen! Allein wäre ich schon längst entkommen. –

Kostylin sagt:

„Geh allein, warum sollst du meinetwegen zugrunde gehen?"

„Nein, ich gehe nicht allein: man soll einen Kameraden nicht im Stich lassen."

Er lud ihn wieder auf die Schultern und schleppte sich weiter. So ging er noch eine Werst weit. Ringsherum Wald, und es ist kein Ausweg zu sehen. Der Nebel beginnt aber schon sich zu verziehen, es ist, als sammelten sich Wölkchen am Himmel, von den Sternen ist nichts mehr zu sehen. Schilin ist schon ganz erschöpft.

Sie stießen auf eine kleine, mit Steinen eingefaßte Quelle. Schilin machte halt und setzte Kostylin ab.

„Laß mich ausruhen," sagte er, „und trinken! Wir wollen von den Fladen essen. Es ist wohl nicht mehr weit."

Kaum hat er sich über die Quelle gebeugt, um zu trinken, als er hinter sich Pferdegetrabe hört. Wieder stürzen sie sich nach rechts in die Büsche, den steilen Abhang hinunter und legen sich nieder.

Da hören sie Tatarenstimmen; die Tataren bleiben an derselben Stelle stehen, wo sie vom Wege abgebogen sind. Sie sprechen miteinander und schreien dann, als hetzten sie Hunde. Schilin und Kostylin hören, wie etwas durchs Gebüsch bricht, und ein fremder Hund kommt gerade auf sie zu. Er bleibt stehen und fängt zu bellen an.

Da kommen auch schon die Tataren, gleichfalls fremde; sie ergreifen sie, fesseln sie, setzen sie auf die Pferde und führen sie weg.

Als sie an die drei Werst geritten waren, kam ihnen Abdul, der Herr, mit zwei anderen Tataren entgegen. Er besprach etwas mit den Tataren, setzte die Gefangenen auf seine Pferde um und führte sie ins Dorf zurück.

Abdul lachte nicht mehr und sprach kein Wort.

Man brachte sie beim Morgengrauen ins Dorf und setzte sie auf die Straße. Die Kinder liefen zusammen, bewarfen sie mit Steinen, schlugen sie mit Peitschen und kreischten.

Die Tataren versammelten sich in einem Kreis, auch der Alte aus dem Tale kam herbei, und sie fingen zu reden an. Schilin hörte, wie sie sich berieten, was mit ihnen zu machen sei. Die einen sagten: „Man muß sie weiter in die Berge schicken“, der Alte aber sagte: „Man muß sie töten.“ Abdul widerspricht und sagt: „Ich habe für sie Geld bezahlt, ich werde für sie Lösegeld bekommen.“ Der Alte aber sagt: „Nichts werden sie bezahlen, sie werden nur Unheil anrichten. Er ist auch Sünde, Russen zu ernähren. Man töte sie und fertig!“

Sie gingen auseinander. Der Herr trat auf Schilin zu und sagte ihm:

„Wenn man mir das Lösegeld für euch nicht schickt, knute ich euch nach zwei Wochen zu Tode. Und wenn es dir wieder einfällt, zu fliehen, schlage ich dich wie einen Hund tot. Schreib einen Brief, schreib ordentlich!“

Man brachte ihnen Papier, und sie schrieben Briefe. Man schlug sie in Blöcke und führte sie hinter die Moschee. Dort war eine Grube, fünf Arschin tief, – in diese Grube setzte man sie hinein.

VI

Nun hatten sie ein ganz schlechtes Leben. Man nahm ihnen die Blöcke nicht mehr ab und ließ sie nicht an die Luft. Man warf ihnen wie Hunden rohen Teig hin und ließ Wasser in einem Kruge hinab. In der Grube herrscht ein Gestank, es ist dumpf und naß. Kostylin ist ganz krank und geschwollen und hat Reißen im ganzen Körper; er stöhnt immer oder schläft. Auch Schilin hat jeden Mut verloren: er sieht, die Sache steht schlecht. Und er weiß nicht, wie er sich aus der Klemme retten soll.

Einmal fing er wieder an zu graben, konnte aber die Erde nirgends hintun; der Herr merkte es und drohte, ihn zu erschlagen.

Einmal hockt er in der Grube, denkt an das freie Leben und grämt sich. Plötzlich fällt ihm auf die Kniee ein Fladen, dann ein zweiter, dann regnet es Kirschen. Er sieht hinauf, oben steht Dina. Sie blickt ihn an, lacht und läuft davon. Da denkt sich Schilin: „Wird mir vielleicht Dina helfen?“

Er wühlte in der Grube eine Stelle auf, kratzte etwas Lehm heraus und begann Puppen zu kneten. Er knetete Menschen, Pferde und Hunde. Wenn Dina kommt, denkt er sich, werde ich sie ihr hinaufwerfen.

Aber am nächsten Tage kam Dina nicht. Schilin hört Pferdegetrabe, Leute reiten vorbei, die Tataren versammeln sich bei der Moschee, streiten, schreien und sprechen von den Russen. Und er hört die Stimme des Alten. Er kann nicht alles verstehen, ahnt aber, daß die Russen in der Nähe seien, daß die Tataren fürchten, sie könnten auch ins Dorf kommen, und daß sie nicht wissen, was mit den Gefangenen machen.

Sie sprachen eine Weile miteinander und gingen fort. Plötzlich hört er oben etwas rascheln. Er sieht: Dina hockt am Rande, die Kniee ragen über den Kopf, sie hat sich vornübergebeugt, die Halsketten hängen herab und baumeln über der Grube, und die Augen leuchten wie die Sterne. Sie holt aus dem Ärmel zwei Käsefladen und wirft sie ihm zu. Schilin nimmt die Fladen und sagt:

„Warum bist du so lange nicht hier gewesen? Ich habe dir aber Spielzeug gemacht. Hier, nimm!“ Und er fängt an, ihr ein Stück nach dem andern zuzuwerfen.

Sie aber schüttelt den Kopf und sieht nicht hin. „Nicht nötig!“ sagt sie ihm. Sie sitzt eine Weile schweigend da und sagt: „Iwan, man will dich töten.“ Und dabei zeigt sie mit der Hand auf ihren Hals.

„Wer will mich töten?“

„Der Vater, die Alten befehlen es ihm. Du tust mir aber leid.“

Und Schilin sagt:

„Wenn ich dir leid tue, so bring mir doch eine lange Stange!“

Sie schüttelt den Kopf: ich darf nicht. Er faltet die Hände und fleht sie an:

„Dina, bitte! Liebe Dina, bring sie mir!“

„Es geht nicht," sagt sie ihm, „man wird es sehen, alle sind zu Hause." Und sie geht weg.

So sitzt Schilin abends da und denkt sich: „Was wird nun kommen?" Und er blickt immer hinauf. Die Sterne sind zu sehen, aber der Mond ist noch nicht aufgegangen. Der Mollah ließ seinen Ruf vernehmen, und alles wurde still. Schilin war schon beinahe eingenickt und dachte sich: Das Mädel wird Angst haben.

Plötzlich fällt ihm von oben Lehm auf den Kopf; er blickt hinauf: eine lange Stange stößt gegen den gegenüberliegenden Rand der Grube. Sie stößt und stößt und fängt an, sich in die Grube herabzusenken. Schilin freut sich, faßt sie mit der Hand und zieht sie herunter, es ist eine feste Stange. Die Stange hat er schon früher auf dem Dache des Herrn gesehen. Er sieht hinauf: die Sterne strahlen hoch am Himmel, und dicht über der Grube leuchten Dinas Augen im Dunkeln wie die einer Katze. Sie hat sich mit dem Gesicht über den Rand der Grube gebeugt und flüstert:

„Iwan, Iwan!" Dabei fuchtelt sie mit den Händen vor dem Gesicht, als wollte sie damit sagen: Leise!

„Was gibt's?" fragt Schilin.

„Alle sind fortgeritten, nur zwei sind zu Hause."

Und Schilin sagt:

„Kostylin, komm, versuchen wir es zum letztenmal; ich helfe dir hinauf."

Kostylin will ihn aber nicht einmal anhören.

„Nein," sagte er, „ich komme wohl nicht mehr heraus. Wo soll ich hin, wenn ich nicht einmal die Kraft habe, mich umzudrehen?"

„Nun, leb' wohl, trage mir nichts nach!" Und sie küßten sich.

Er ergriff das Ende der Stange, sagte Dina, sie solle das andere Ende festhalten, und kletterte hinauf. Zweimal stürzte er hinab, der Block machte ihm Beschwerde. Kostylin stützte ihn von unten, und so kam er schließlich doch heraus. Dina zog ihn mit ihren Händchen aus aller Kraft am Hemde und lachte dabei.

Schilin nahm die Stange und sagte:

„Bring sie an ihren Platz, Dina, sonst vermißt man sie und schlägt dich." Sie schleppte die Stange fort, und Schilin ging den Berg hinunter. Er kroch den Abhang hinab, nahm einen spitzen Stein und versuchte das Schloß vom Blocke herunterzuschlagen. Das Schloß ist aber fest, er kann es unmöglich herunterschlagen, kann auch nicht ordentlich hinlangen. Da hört er, jemand läuft den Berg hinunter, hüpft leicht von Stein zu Stein. Er denkt sich: „Es ist wohl wieder Dina." Dina kommt gelaufen, nimmt den Stein und sagt:

„Laß mich!"

Sie hockt sich hin und versucht das Schloß herauszudrehen. Ihre Arme sind aber dünn wie Ruten, sie hat gar keine Kraft. Sie wirft den Stein weg und fängt zu weinen an. Nun macht sich Schilin wieder ans Schloß, Dina aber hockt neben ihm und hält ihn an der Schulter. Schilin wendet sich um und sieht: links hinter dem Berge leuchtet es rot, der Mond geht auf. – – Nun, – denkt er sich, – bis der Mond aufgegangen ist, muß ich durch den Hohlweg gekommen sein und den Wald erreicht haben. – Er stand auf und warf den Stein fort. Er muß gehen, wenn auch mit dem Block.

„Leb wohl," sagt er, „liebe Dina. Mein Leben lang werde ich an dich denken."

Dina umfaßte ihn mit beiden Armen und tastete, wo sie ihm Fladen einstecken könnte. Er nahm die Fladen und sagte:

„Ich danke dir, kluges Mädel. Wer wird dir, wenn ich weg bin, Puppen machen?" Und er streichelte ihr den Kopf.

Dina weinte, bedeckte das Gesicht mit den Händen und lief den Berg hinauf, wie ein Zicklein hüpfend. Im Dunkeln hörte man nur, wie die Ketten an ihrem Zopfe auf dem Rücken klirrten.

Schilin bekreuzigt sich, faßt mit der Hand das Schloß am Block, damit es nicht klirre, und geht den Weg vorwärts; er schleppt den einen Fuß nach und blickt immer auf den Lichtschein, wo der Mond aufgeht. Der Weg ist ihm bekannt. Geradeaus sind es an die acht Werst zu gehen.

Wenn er nur den Wald erreicht, ehe der Mond ganz aufgegangen ist. Als er den Fluß durchwatet hat, ist der Lichtschein hinter dem Berge schon ganz weiß geworden. Er geht durch den Hohlweg und sieht immer hin: vom Monde ist noch nichts zu sehen. Der Lichtschein ist ganz licht geworden, und an der einen Seite des Hohlweges wird es immer heller. Ein Schatten gleitet den Berg hinab und kommt immer näher auf ihn zu.

Schilin geht weiter und hält sich im Schatten. Er geht schnell, der Mond kommt aber noch schneller hervor; schon leuchten auch rechts die Bergesgipfel. Wie er sich dem Walde nähert, kommt auch schon der Mond hinter den Bergen hervor, – es ist weiß und hell, ganz wie bei Tage. Auf den Bäumen sind alle Blättchen zu sehen. Still und hell ist es in den Bergen; alles ist wie ausgestorben. Man hört nur das Flüßchen unten rauschen.

So erreicht er den Wald, ohne auf jemand zu stoßen. Schilin sucht sich im Walde ein möglichst dunkles Plätzchen aus und setzt sich nieder, um auszuruhen.

Er ruhte aus und aß einen Fladen. Dann suchte er sich einen Stein und versuchte von neuem, den Block herunterzuschlagen. Er schlug sich beide Hände wund, bekam aber den Block nicht herunter. Er stand auf und ging den Weg weiter. Als er eine Werst gegangen war, war er schon ganz entkräftet, die Füße taten furchtbar weh. Er geht zehn Schritte und bleibt stehen. – Nichts zu machen, – denkt er sich, – ich will mich weiterschleppen, solange ich die Kraft habe. Wenn ich mich aber hinsetze, so stehe ich nicht mehr auf. Die Festung erreiche ich nicht mehr. Wenn es hell wird, lege ich mich im Walde hin, warte dort den ganzen Tag und gehe nachts weiter. –

So ging er die ganze Nacht. Er begegnete nur zwei berittenen Tataren; er hörte sie aber schon von weitem und versteckte sich hinter einem Baum.

Der Mond begann schon bleich zu werden, Tau fiel, der Tag war schon nahe, Schilin hatte aber noch immer den Rand des Waldes nicht erreicht. – Ich will noch an die dreißig Schritt gehen, dann in den Wald abbiegen und mich hinsetzen. – Wie er dreißig Schritte gegangen ist, sieht er, daß der Wald ein Ende nimmt. Als er den Rand erreicht, ist es schon ganz hell; wie auf der flachen Hand liegen vor ihm die Steppe und die Festung, und links, ganz nahe an der Sohle des Berges brennen und verlöschen Feuer, Rauch zieht über die Erde, und an den Feuern sitzen Menschen.

Er schaut genauer hin und sieht: es glänzen Gewehre, es sind Soldaten und Kosaken.

Schilin freute sich, nahm seine letzte Kraft zusammen und ging den Berg hinunter. Dabei dachte er sich: – Wenn mich hier, im freien Felde, Gott behüte, ein berittener Tatare sieht, entkomme ich ihm nicht, wie nah auch die Kosaken sind. –

Kaum denkt er so, da sieht er: links vor dem Hügel, auf einem Räume von zwei Deßjatinen halten drei Tataren. Wie sie ihn erblicken, reiten sie auf ihn zu. Das Herz steht ihm still. Er fuchtelt mit den Händen und schreit, so laut er kann, den Seinigen zu:

„Brüder, rettet mich, Brüder! . . .“

Die Unsrigen hörten ihn. Berittene Kosaken sprengten auf ihn zu, den Tataren in die Quere.

Die Kosaken haben es weit, die Tataren aber nahe. Da nimmt aber auch Schilin seine letzte Kraft zusammen, faßt den Block mit der Hand, läuft auf die Kosaken zu, ist wie von Sinnen, bekreuzigt sich und schreit:

„Brüder! Brüder! Brüder! . . .“

Die Kosaken waren an die fünfzehn Mann.

Die Tataren erschraken und machten, noch ehe sie ihn erreicht hatten, halt. Und Schilin lief zu den Kosaken.

Die Kosaken umringen ihn und fragen: wer er sei, was für ein Mensch und woher? Schilin ist wie von Sinnen, weint und ruft immer wieder:

„Brüder! Brüder! . . .“

Die Soldaten kamen herbei und umringten Schilin; der eine gab ihm Brot, der andere Grütze, der dritte Branntwein; der eine deckte ihn mit einem Mantel zu, der andere zerschlug den Block.

Die Offiziere erkannten ihn und führten ihn in die Festung. Die Soldaten freuten sich, die Kameraden versammelten sich bei Schilin.

Schilin erzählte ihnen, was er erlebt hatte, und sagte:

„Das ist aus meiner Reise nach Hause und aus der Heirat geworden! Nein, es war mir wohl nicht beschieden."

Und er blieb auf seinem Posten im Kaukasus. Kostylin aber wurde erst nach einem Monat für fünftausend Rubel ausgelöst. Als man ihn brachte, lebte er kaum.

Jermak und die Eroberung Sibiriens

Unter der Regierung des Zaren Iwan Wassiljewitsch des Grausamen lebten in der Stadt Permj am Flusse Kama die reichen Kaufherren Stroganow. Sie hörten, daß es am Flusse Kama hundertvierzig Werst im Umkreise gutes Land gäbe: Äcker, die noch kein Mensch gepflügt hatte, dichte Wälder, in denen noch kein Baum abgeholzt worden war. In den Wäldern gäbe es viel Wild und längs des Flusses fischreiche Seen; in diesem Lande wohne aber niemand, nur die Tataren kämen ab und zu hin.

Die Stroganows schrieben dem Zaren einen Brief: „Gib uns dieses Land, wir wollen da Städte bauen, Menschen ansammeln, das Land besiedeln und den Tataren den Weg versperren."

Der Zar ging darauf ein und gab ihnen das Land. Die Stroganows sandten ihre Bevollmächtigten aus, um Volk zu sammeln. Und es kamen zu ihnen viele Landstreicher. Einem jeden, der kam, wiesen die Stroganows ein Stück Land und Wald zu, gaben ihm auch Vieh, erhoben aber keinerlei Steuern: leb', wie du willst, wenn es aber nötig ist, mußt du mit den anderen gegen die Tataren ziehen. Und so wurde dieses Land von Russen besiedelt.

Es vergingen an die zwanzig Jahre. Die Kaufherren Stroganow waren noch reicher geworden, und das Land von hundertvierzig Werst im Umkreise genügte ihnen nicht mehr. Sie wollten noch mehr Land haben. Hundert Werst weiter erhob sich das mächtige Uralgebirge, und hinter diesem Gebirge gab es, wie sie hörten, gutes Land, das gar keine Grenzen hatte. Dieses Land gehörte aber dem sibirischen Fürsten Kutschum. Kutschum hatte sich einst dem russischen Zaren unterworfen, sich aber dann gegen ihn aufgelehnt und drohte die Stroganowschen Städte zu zerstören.

Nun schrieben die Stroganows dem Zaren: „Du hast uns das Land gegeben, und wir haben es für Dich erobert. Jetzt lehnt sich aber der falsche Zar Kutschum gegen Dich auf, er will uns das Land wegnehmen und uns zugrunde richten. Befiehl uns, das Land hinter dem Uralgebirge zu besetzen; wir werden den Kutschum bekriegen und sein ganzes Land für Dich erobern." Der Zar ging darauf ein und antwortete: „Wenn Ihr die Macht habt, so nehmt Kutschum das Land weg! Daß Ihr mir aber nicht zu viel Volk aus Rußland zu Euch herüberlockt!"

Als die Stroganows vom Zaren den Brief erhielten, sandten sie ihre Bevollmächtigten aus, um noch mehr Volk zu sammeln. Sie befahlen ihnen, hauptsächlich Kosaken von der Wolga und vom Don anzuwerben. Um jene Zeit trieben sich aber an der Wolga und am Don viele Kosaken herum. Sie sammelten sich zu Banden zu zweihundert, dreihundert, sechshundert Mann, wählten sich einen Hauptmann, fuhren in Barken auf den Flüssen herum und plünderten; im Winter schlugen sie aber Lager an den Ufern auf.

Die Bevollmächtigten kamen an die Wolga und fragten herum, was für Kosaken es hier gäbe. Man sagte ihnen: „Es gibt viel Kosaken. Sie setzen uns furchtbar zu. Es gibt einen Mischka Tscherkaschenin, es gibt einen Sary-Asman ... Aber am schlimmsten ist der Hauptmann Jermak Timofejewitsch. Er hat tausend Mann unter sich, und nicht nur das Volk und die Kaufleute fürchten ihn, sondern auch das Heer des Zaren wagt nicht, ihm nahe zu kommen."

So fuhren die Bevollmächtigten zum Hauptmann Jermak und begannen, ihn zu überreden, zu den Stroganows zu ziehen. Jermak empfing die Bevollmächtigten, hörte ihre Reden an und versprach, um Mariä Himmelfahrt mit seinem Volke zu kommen.

Um Mariä Himmelfahrt kamen zu den Stroganows die Kosaken, sechshundert Mann, mit dem Hauptmann Jermak Timofejewitsch. Stroganow ließ sie gegen die nächsten Tataren los. Die Kosaken schlugen sie. Als sie dann nichts mehr zu tun hatten, fingen sie an, sich in der Gegend herumzutreiben und zu plündern.

Stroganow ließ Jermak zu sich kommen und sagte: „Ich kann euch nicht länger behalten, wenn ihr euch so benehmen werdet." Und Jermak antwortete: „Ich bin dessen selbst nicht froh, aber meine Leute lassen sich nicht im Zaume halten, sie sind außer Rand und Band. Gib uns eine Arbeit!" Da sagte Stroganow: „Geht hinter den Ural, bekriegt den Kutschum und erobert sein Land! Euch wird auch der Zar belohnen." Und er zeigte Jermak den Brief des Zaren. Jermak freute sich darüber. Er versammelte die Kosaken und sagte:

„Ihr tut mir vor dem Kaufherrn Schande an, denn ihr plündert ohne jeden Sinn. Wenn ihr nicht aufhört, jagt er euch davon; was werdet ihr dann anfangen? An der Wolga stehen viele Regimenter des Zaren, man wird uns alle abfangen und auch für die früheren Taten bestrafen. Wenn ihr euch aber langweilt, so gibt es Arbeit für euch."

Und er zeigte ihnen den Brief, mit dem der Zar den Stroganows erlaubte, das Land hinter dem Ural zu erobern. Die Kosaken überlegten und willigten ein. Nun ging Jermak zu Stroganow und beriet sich mit ihm, wie sie ziehen sollten.

Sie besprachen, wieviel Barken man brauchte, wieviel Brot, Vieh, Gewehre, Pulver, Blei, wieviel gefangene Tataren als Dolmetscher und wieviel deutsche Büchsenmeister.

Stroganow denkt sich: „Es kommt mir zwar nicht billig zu stehen, aber ich muß ihm das alles geben, denn wenn sie hier bleiben, richten sie mich zugrunde.“ Stroganow ging auf alles ein, schaffte alles an und rüstete Jermak und die Kosaken aus.

Am 1. September 1579 zogen die Kosaken mit Jermak an der Spitze auf zweiunddreißig Barken den Fluß Tschussowaja hinauf; in jeder Barke waren zwanzig Mann. Sie ruderten vier Tage die Tschussowaja hinauf und kamen in den Silbernen Fluß. Weiter konnten sie nicht mehr rudern. Sie fragten die Führer aus und erfuhren, daß sie hier über die Berge ziehen und dann noch zweihundert Werst auf dem Landwege gehen mußten; dann würden wieder Flüsse kommen. Die Kosaken machten hier halt, schlugen ein Lager auf und luden ihre ganze Ausrüstung aus; sie ließen ihre Barken stehen, bauten sich Wagen, packten alles ein und zogen auf dem Landwege über die Berge. Die Gegend war waldreich, und es wohnten gar keine Menschen da. Sie gingen an die zehn Tage auf dem Landwege und gerieten an den Fluß Scharownja. Hier machten sie wieder halt und begannen Barken zu bauen. Sie bauten sich Barken und fuhren den Fluß hinunter. Sie fuhren fünf Tage, die Gegend wurde noch schöner: Wiesen, Wälder, Seen. Es gab da viel Fische und Wild, und die Tiere fürchteten die Menschen noch nicht. Sie fuhren noch einen Tag und kamen in den Fluß Tura. Hier, längs dieses Flusses stießen sie auf Menschen und auf Tatarenstädte.

Jermak sandte seine Kosaken aus, um eine der Städte anzuschauen, was es für eine Stadt sei und ob viele Bewaffnete in ihr wären. An die zwanzig Kosaken gingen hin, scheuchten die Tataren auf, eroberten die Stadt und erbeuteten das ganze Vieh. Einen Teil der Tataren erschlugen sie, und einen Teil brachten sie gefangen mit.

Jermak befragte die Tataren durch die Dolmetscher: was sie für Menschen seien und unter wessen Gewalt sie lebten? Die Tataren antworteten, daß sie zum Zarenreich Sibirien gehörten und daß Kutschum ihr Zar sei.

Jermak ließ die Tataren laufen und nahm nur drei von ihnen, die klüger als die anderen schienen, mit, damit sie ihm den Weg zeigten.

Sie fuhren mit ihren Barken weiter. Je weiter sie kamen, um so breiter wurde der Fluß und um so schöner die Gegend.

Sie stießen auf immer mehr Volk. Das Volk war aber schwach. Und die Kosaken eroberten alle Städte, die am Flusse lagen.

In einer der Städte nahmen sie viele Tataren gefangen, darunter auch einen alten, geachteten Mann. Sie fingen an, diesen Tataren auszufragen, was er für ein Mensch sei, und er sagte: „Ich heiße Tausik, ich bin ein Knecht meines Herrn Kutschum und von ihm als Befehlshaber dieser Stadt eingesetzt."

Jermak befragte Tausik über seinen Zaren. Ob es nach dessen Stadt Sibirj noch weit sei? Ob Kutschum ein starkes Heer und viele Reichtümer habe? Tausik erzählte ihm alles. Er sagte: „Kutschum ist der erste Zar in der Welt. Seine Stadt Sibirj ist die größte Stadt in der Welt. In dieser Stadt gibt es soviel Menschen und Vieh wie Sterne am Himmel. Und das Heer des Zaren Kutschum ist ohne Zahl: alle Zaren zusammen werden ihn nicht besiegen können."

Jermak aber sagte: „Wir Russen sind hergekommen, um deinen Zaren zu besiegen und seine Stadt zu erobern und dem russischen Zaren zu unterwerfen. Wir haben ein großes Heer. Die mit mir gekommen sind, sind nur die Vorhut, hinten kommen aber noch mehr in Barken nach, und alle haben Gewehre. Unsere Gewehre schlagen aber einen Baum durch, ganz anders als eure Bogen und Pfeile. Da, schau!"

Und Jermak feuerte auf einen Baum, der Baum spaltete sich, und die Kosaken fingen an, von allen Seiten zu feuern. Tausik fiel vor Schreck in die Kniee. Und Jermak sagte zu ihm: „Geh' nun zu deinem Zaren Kutschum und sage ihm, was du gesehen hast. Soll er sich unterwerfen, und wenn er sich nicht unterwirft, so machen wir auch ihm den Garaus." Und er ließ Tausik frei.

Die Kosaken fuhren in ihren Barken weiter. Sie kamen in den großen Strom Tobol und näherten sich immer mehr der Stadt Sibirj. Wie sie zum Flüßchen Babassan kamen, sahen sie am Ufer eine kleine Stadt stehen und um die Stadt herum viele Tataren lagern.

Sie schickten einen Dolmetsch zu den Tataren, um zu erfahren, was es für Menschen seien. Der Dolmetsch kam zurück und sagte: „Hier hat sich das Heer Kutschums versammelt. Der Befehlshaber ist aber der Schwiegersohn Kutschums, Mametkul selbst. Er sprach mit mir und ließ euch sagen, ihr solltet umkehren, sonst werde er euch alle umbringen."

Jermak versammelte die Kosaken, stieg ans Ufer und fing an, auf die Tataren zu feuern. Als die Tataren die Schüsse hörten, ergriffen sie sofort die Flucht. Die Kosaken setzten ihnen nach, erschlugen einen Teil und nahmen einen Teil gefangen. Mametkul selbst entkam mit knapper Not.

Die Kosaken ruderten weiter. So kamen sie in den breiten und schnellen Strom Irtysch. Sie ruderten einen Tag auf diesem Strom, erreichten eine hübsche Stadt und machten halt. Die Kosaken gingen auf diese Stadt zu. Sobald sie näher kamen, fingen die Tataren an, mit Pfeilen zu schießen, und verwundeten drei Kosaken. Jermak schickte einen Dolmetsch zu den Tataren, um ihnen zu sagen, sie möchten ihm die Stadt übergeben, sonst würden sie alle umkommen. Der Dolmetsch ging hin, kehrte zurück und sagte: „Hier wohnt der Knecht Kutschums, Atik-Mursa-Katschara. Er hat ein großes Heer und sagt, er werde die Stadt nicht übergeben."

Jermak versammelte die Kosaken und sagte:

„Nun, Kinder, wenn wir diese Stadt nicht nehmen, werden die Tataren frohlocken. Und sie werden uns nicht weiterziehen lassen. Je mehr Angst wir ihnen aber einjagen, um so leichter werden wir es haben. Steigt alle aus und stürmt alle auf einmal vorwärts!" So machten sie es auch. Es waren hier aber viele Tataren versammelt, und diese Tataren waren tapfer.

Als die Kosaken vorwärts stürmten, fingen die Tataren an, mit ihren Bogen zu schießen. Sie überschütteten die Kosaken mit Pfeilen. Einen Teil töteten sie, einen Teil verwundeten sie.

Nun wurden auch die Kosaken wütend. Sie rückten näher heran und erschlugen alle Tataren, die ihnen in den Weg kamen.

In dieser Stadt fanden die Kosaken große Reichtümer: Vieh, Teppiche, Felle und viel Honig. Sie beerdigten ihre Toten, ruhten aus, nahmen die

Beute mit und ruderten weiter. Sie sind noch gar nicht weit gekommen, da sehen sie: am Ufer steht etwas wie eine Stadt, es lagert ein Heer ohne Zahl und Ende, das Lager ist von einem Graben umgeben, und der Graben ist mit umgehauenen Bäumen angefüllt. Die Kosaken machten halt und überlegten. Jermak versammelte die Kosaken in einem Kreise um sich und fragte: „Na, Kinder, was sollen wir machen?“

Die Kosaken hatten Angst. Die einen sagten: wir müssen vorbeirudern; die anderen sagten: umkehren.

Und sie fingen an, zu murren und auf Jermak zu schimpfen. Sie sagten: „Wozu hast du uns hergeführt? Da hat man schon so viele von uns erschlagen und so viele verwundet, wir werden hier alle umkommen.“ Und sie fingen zu weinen an.

Jermak sagte nun zu seinem Gehilfen, Iwan Kolzo: „Nun, Wanja, was meinst du?“ Und Kolzo antwortete: „Was ich meine? Wenn wir heute nicht umkommen, so morgen, und wenn nicht morgen, so sterben wir unnütz daheim. Ich meine, wir müssen ans Ufer steigen, gegen die Tataren losstürmen und auf Gott bauen.“

Und Jermak sagte: „Du bist ein kühner Bursch, Wanja! Ja, so soll man es machen. Hört, Kinder! Ihr seid keine Kosaken, sondern Weiber. Ihr versteht wohl nur Fische zu fangen und die Tatarenweiber zu schrecken. Seht ihr es denn nicht selbst? Wenn wir umkehren, machen sie uns den Garaus; wenn wir vorbeirudern, machen sie uns den Garaus; auch wenn wir hier stehen bleiben, machen sie uns den Garaus. Wo sollen wir nun hin? Wenn man sich einmal ordentlich anstrengt, hat man es später leichter. So ist es, Kinder: mein Väterchen hat einmal eine kräftige Stute gehabt. Bergab fuhr sie gut, auf ebener Erde fuhr sie gut; wenn es aber galt, bergauf zu fahren, wurde sie störrisch und machte kehrt: sie glaubte, so werde sie es leichter haben. Da nahm Väterchen eine dicke Stange und schlug ihr mit der Stange den Buckel voll. Sie wand sich und drehte sich und zerschlug den ganzen Wagen. Väterchen spannte sie aus und schindete ihr die Haut herunter. Hätte sie aber den Wagen gezogen, so wäre ihr diese Qual erspart geblieben. So ist es auch mit uns, Kinder. Es bleibt uns nur das eine übrig: auf die Tataren loszustürmen."

Die Kosaken fingen zu lachen an und sagten: „Du bist wohl klüger als wir, Timofejewitsch. Uns Narren braucht man gar nicht zu fragen. Führe uns, wohin du willst. Zwei Tode gibt es nicht, und einem Tod kann man nicht entrinnen." Und Jermak sagte: „Also hört, Kinder! So wollen wir es machen. Sie haben uns noch nicht alle gesehen. Wollen wir uns in drei Haufen teilen. Der eine Haufe wird gerade auf sie losstürmen, und die beiden anderen sollen nach rechts und links marschieren. Wenn sie den mittleren Haufen erblicken, werden sie glauben, es seien alle, und werden gegen ihn losziehen. Da werden wir sie aber an den Flanken angreifen. So ist es, Kinder. Wenn wir mit diesen fertig werden, haben wir niemand mehr zu fürchten, dann werden wir selbst Zaren sein."

So machten sie es auch. Als der mittlere Haufe mit Jermak näher kam, erhoben die Tataren ein Geschrei und zogen los; nun schlug von rechts Iwan Kolzo drein und von links – der Hauptmann Meschtscherjak. Die Tataren erschraken und ergriffen die Flucht. Die Kosaken metzelten alle nieder. Niemand wagte nun Jermak zu widerstehen. So zog er in die Stadt Sibirj ein. Und Jermak setzte sich in dieser Stadt fest wie ein Zar.

Die kleineren Fürsten kamen alle zu Jermak, um ihm ihre Ergebenheit zu bezeigen. Andere Tataren kamen herbei und siedelten sich in Sibirien an; aber Kutschum und sein Schwiegersohn Mametkul fürchteten, gegen Jermak zu ziehen; sie gingen immer im Kreise herum und überlegten sich, wie ihm den Garaus zu machen.

Im Frühjahr, zur Überschwemmungszeit, kamen die Tataren zu Jermak gelaufen und sagten: „Mametkul zieht wieder gegen dich, er hat ein großes Heer angesammelt und steht am Flusse Wagai."

Jermak zog durch die Flüsse, Sümpfe, Bäche und Wälder, schlich sich mit den Kosaken heran, stürzte sich gegen Mametkuls Heer, tötete viele Tataren, nahm Mametkul selbst gefangen und brachte ihn lebend nach Sibirj. Nun waren schon fast alle Tataren unterworfen, und gegen die, die sich noch nicht unterwerfen wollten, zog Jermak im Sommer; längs der

Flüsse Irtysch und Obj eroberte er so viel Land, daß man es in zwei Monaten nicht umgehen kann.

Als Jermak dieses ganze Land erobert hatte, schickte er einen Boten zu den Stroganows mit einem Brief: „Ich habe die Stadt Kutschums erobert und Mametkul gefangen genommen und mir das ganze hiesige Volk unterworfen. Aber ich habe viele Kosaken verloren. Schickt uns noch mehr Leute, damit wir es lustiger haben. Der Reichtum dieses Landes ist aber unermeßlich.“

Und er schickte ihnen teures Pelzwerk: Füchse, Marder und Zobel.

Es vergingen zwei Jahre. Jermak hielt immer noch Sibirj besetzt, aber aus Rußland kam keine Hilfe, und Jermak hatte nur noch wenig Russen bei sich.

Einmal schickte der Tatare Karatscha einen Boten und ließ ihm sagen: „Wir haben uns dir unterworfen, uns bedrängen aber die Nogajer. Schicke uns deine tapferen Leute zur Hilfe! Wir werden zusammen die Nogajer bekriegen. Daß wir aber deinen Leuten kein Haar krümmen, das wollen wir dir beschwören.“

Jermak glaubte ihrem Schwur und schickte vierzig Mann mit Iwan Kolzo. Wie diese vierzig Mann hinkamen, fielen die Tataren über sie her und töteten sie; nun hatte Jermak noch weniger Kosaken.

Ein anderes Mal schickten Bucharer Kaufleute Jermak die Botschaft, daß sie zu ihm nach Sibirj mit Waren kommen wollten; unterwegs stehe aber Kutschum mit seinem Heer und lasse sie nicht passieren.

Jermak nahm fünfzig Mann und zog aus, um den Bucharern den Weg zu säubern. Er kam zum Flusse Irtysch, traf aber die Bucharer nicht an. Er schlug ein Nachtlager auf. Die Nacht war finster, und es regnete. Kaum hatten sich die Kosaken schlafen gelegt, als plötzlich die Tataren erschienen, sich über die Schlafenden stürzten und auf sie einschlugen. Jermak sprang auf und fing an, sich zu wehren. Man verwundete ihn mit einem Messer an der Hand. Er stürzte sich zum Fluß. Die Tataren setzten ihm nach. Er sprang in den Fluß und ward nicht mehr gesehen. Man fand auch seinen Leichnam nicht, und niemand erfuhr, wie er umgekommen war.

Im nächsten Jahr kam aber das Heer des Zaren, und die Tataren unterwarfen sich.